Münchner Loipen
Oberbayern und angrenzendes Tirol
Die schönsten Langlaufgebiete

63 Loipen zwischen München und Kitzbühel,
Tutzing und Traunstein, Lermoos und Winklmoos

Gerhard Hirtlreiter
Christian Rauch

ROTHER LANGLAUFFÜHRER

Vorwort

Münchner Loipen – sind das die Loipen in München? Ja, die werden hier auch vorgestellt, aber nur kurz im Anhang. Im Stadtgebiet herrschen nämlich leider nur selten Bedingungen, die es der Stadt München erlauben, die vorgesehenen Spuren anzulegen. Aber schon im wenig höheren Umland geht fast jeden Winter etwas – und erst recht in den nahen Alpengebieten Bayerns und Tirols. Dort reicht das vorgestellte Gebiet etwas weiter als der übliche Münchner Tagesausflugsradius. Damit konnten einige ganz besonders schneesichere Gebiete wie Seefeld, Achensee und die Winklmoosalm einbezogen werden – ideale Ausweichgebiete bei ansonsten schlechter Schneelage. Für ein umweltschonendes Verhältnis zwischen Auto- und Loipenkilometern empfiehlt es sich, bei guter Schneelage die nahen Loipen zu nutzen und für weiter entfernte Gebiete ein Wochenende mit Übernachtung zu organisieren.

Es ist noch gar nicht so lange her, da tummelten sich auf den Loipen überwiegend ältere Menschen sowie solche, die nicht alpin Skifahren konnten und daher »nur in der Ebene herumrutschten«. Dementsprechend angestaubt war das Ruf des Langlaufens bei jüngeren und sportlichen Leuten. Genau die sind es aber heute, die das Bild auf den Loipen und vor allem auf den Skatingpisten bestimmen. Das Langlaufen hat jetzt ein Image, das viele Menschen anzieht – sei es von der warmen Ofenbank weg, aus stickigen Fitness-Studios heraus oder von überfüllten, teuren, oft auch lauten Skipistenzirkussen. Und auch wer sich nicht als Sportler versteht, ist weiterhin unterwegs – und zwar deutlich sicherer und genussvoller dank breiterer Cruising-Ski. Gut so, jede(r) soll auf seine Art glücklich werden! Dass das Zusammenleben von Sportlern und Cruisern bei starkem Wochenendbetrieb nur mit Toleranz und gegenseitiger Rücksichtnahme funktionieren kann, sollte eigentlich keiner Erwähnung bedürfen.

Die meisten Langlaufgebiete bieten vielfältige Möglichkeiten, individuelle Runden zu drehen. Oft kreieren die Touristiker eine Vielzahl von Loipen mit eigenen Namen und Nummern. Wenn man genau hinschaut, verlaufen die aber streckenweise auf den gleichen Trassen und beziehen ihre vermeintliche Eigenständigkeit nur aus relativ unbedeutenden Schleifen. Damit wird die Beschilderung vor Ort oftmals unnötig unübersichtlich. Wir haben daher versucht, für jede vorgestellte Loipenregion einen Streckenverlauf (manchmal auch mehrere) auszuwählen und zu beschreiben, der das Gebiet in besonders attraktiver Weise erschließt. Diese vorgeschlagenen Strecken sind dann nicht zwangsläufig solche mit einer bestimmten Nummer und einem bestimmten Namen.

Unter den empfohlenen Loipen finden sich beliebte Klassiker neben relativ unbekannten Geheimtipps, gemütliche Familientouren ebenso wie fordernde Strecken für Sportler. Für alle Langlauffreunde soll etwas dabei sein!

Viel Freude bei der schönsten Symbiose aus entspannendem Ausdauersport und erfülltem Naturgenuss wünschen Ihnen

Gerhard Hirtlreiter und Christian Rauch

Inhalt

	Loipenauswahl und Planung	6
	Verhalten, Sicherheit und Gesundheit	10
	Die Langlauf-Region	13
	Touristische Informationen	17
	Ausrüstung, Laufstil und Fahrtechnik	18
▶ 1	**Thanning – Dietramszell** Auf Uschi Disls Spuren über die Loipen des SC Moosham	24
▶ 2	**Icking – Wolfratshausen** Das Langläufer-Hügelland nahe München	27
▶ 3	**Traubing – Tutzing** Hausloipe der Starnberger	30
▶ 4	**Hohenkasten – Obersöchering** Natur pur zwischen Weilheim und Murnau	32
▶ 5	**Loipenparadies bei Wildsteig** Hügelige Strecken am Fuße der Hohen Bleick	34
▶ 6	**Bad Kohlgruber – Bad Bayersoiener Runde** Ruhig, lang und leicht durchs Ammergauer Kurgebiet	37
▶ 7	**Oberammergau – Ettaler Mühle** Die leichte Hausloipe des Passionsspielorts	40
▶ 8	**König-Ludwig-Loipe nach Linderhof** Herzstück der berühmten Königsloipe im Graswangtal	42
▶ 9	**Ehrwalder Zugspitz-Arena-Loipe** Auf der Sonnenseite der Zugspitze	45
▶ 10	**Von Ehrwald durchs Gaistal in die Leutasch** Im Hochtal Ganghofers	48
▶ 11	**Von Gasse bis Obern durch die Leutasch** Im schneesicheren Tiroler Langläuferparadies	51
▶ 12	**Olympische Strecken bei Seefeld** Weltberühmte Loipen auf schneesicherer Höhe	54
▶ 13	**Mittenwald – Riedboden** Sanfte Wiesen unter steilen Karwendelwänden	58
▶ 14	**Isarloipe zwischen Wallgau und Vorderriß** Zwischen sonnigen Flussauen und frostigen Waldstücken	60
▶ 15	**Panoramaloipe Krün – Barmsee – Gerold** Die Paradeloipe in der Alpenwelt Karwendel	63
▶ 16	**Kranzbach – Elmau** Im Hochtal der Schlösser	66
▶ 17	**Klais – Kaltenbrunn** Der schneesichere Klassiker östlich von Partenkirchen	68
▶ 18	**Garmisch – Hammersbach** Die »Hausloipe« der Wintersportmetropole	70
▶ 19	**Loisachtalloipe Oberau – Farchant** Die wohl genussvollste Werdenfelser Loipe	72

▶ 20	**Schlehdorf – Großweil** Ebene Wiesen zwischen Kloster und Herzogstand	74
▶ 21	**Bichl – Benediktbeuern** Leichtes Auf und Ab unter der Benediktenwand	76
▶ 22	**Bad Tölz – Kloster Reutberg** Durch eine abwechslungsreiche Langlauflandschaft	78
▶ 23	**Durchs Hartpenninger Loipenparadies** Zwischen Holzkirchen und Bad Tölz	81
▶ 24	**Im Westen von Holzkirchen** Schleifenreiche Skiwanderung in S-Bahn-Nähe	84
▶ 25	**Kapler Alm – Schaftlach** Gleiten durch eine parkartige Weidelandschaft	87
▶ 26	**Schaftlach – Sachsenkam** Strecken mit Bahnanschluss nordöstlich von Bad Tölz	90
▶ 27	**Lenggries – Schlegldorf** Ein Platz an der Sonne	93
▶ 28	**Durch die Jachenau** Schneeloch hinter Lenggries	96
▶ 29	**Durch den Großen Ahornboden in die Eng** Die Karwendelloipe, eine Langlauftour der Extraklasse	99
▶ 30	**Falzthurn- und Gramaialm bei Pertisau** Die Paradeloipen hinterm Achensee	102
▶ 31	**Guffertloipe Achenkirch – Steinberg** Der Geheimtipp vor dem Achensee	105
▶ 32	**Klamm – Bayerwald – Glashütte** Schneesicherer Klassiker hinterm Tegernsee	108
▶ 33	**Kreuth – Wildbad Kreuth – Klamm** Klausurtagung? Lieber ein Tag in der Natur!	110
▶ 34	**Finsterwald – Bad Wiessee** Um die Hainzenhöhe und über den Golfplatz	112
▶ 35	**Oedberg- und Panoramablickloipe** Die Gmunder Loipen im Schatten der Neureuth	116
▶ 36	**Suttenrunde bei Rottach-Egern** Kurz, aber knackig: Höhenloipe hinterm Wallberg	118
▶ 37	**Bei den Valepper Almen** Schneesichere Schleifen hinter dem Spitzingsee	120
▶ 38	**Schliersee – Hausham** Leichtes Übungsgelände am Alpenrand	122
▶ 39	**Zwischen Mangfall und Schlierach** Stille Strecke bei Miesbach	124
▶ 40	**Hundham – Fischbachau** Durchs paradiesische Leitzachtal	126
▶ 41	**Bayrischzell – Geitau** Unterm »Stoa«	128
▶ 42	**Ursprung- und Klooaschertal** Schneesicheres Loipennetz südlich von Bayrischzell	130

▶ **43 Oberaudorfer Schleifen**
Flache Loipen im bayerischen Inntal — 134

▶ **44 Seeloipe um den Thiersee**
Langlaufvielfalt im einstigen Mekka des Heimatfilms — 136

▶ **45 Rund um den Miesberg**
Beim Walchsee unterm Zahmen Kaiser — 138

▶ **46 Kaiserwinklloipe bei Kössen**
Klassiker für Könner am Zahmen Kaiser — 142

▶ **47 Hinterkaiserloipe bei St. Johann**
Stille Runde unter Kaiserwänden und -zinnen — 145

▶ **48 Kitzbüheler Sportloipe**
Zwischen Kitzbüheler Golfplatz und Reith — 148

▶ **49 Herrliche Strecken im Pillerseetal**
Ein richtiger Geheimtipp! — 150

▶ **50 Reit im Winkl – Seegatterl – Weitsee**
Auf der Chiemgauloipe durch ein Langlauf-Eldorado — 153

▶ **51 Von Seegatterl auf die Wildalm**
Eine grenzüberschreitende »Nordic-Skitour« — 156

▶ **52 Winklmoos – Moarlack**
Grenzland-Höhenloipen mit Seilbahnanschluss — 159

▶ **53 Runde durchs hoch gelegene Heutal**
Noch schneesicherer geht's kaum — 162

▶ **54 Seenloipe hinter Ruhpolding**
Durch die Seenplatte »Bayrisch-Sibiriens« — 164

▶ **55 Von Ruhpolding zum Froschsee**
Abwechslungsreiche Strecke Richtung Inzell — 167

▶ **56 Ruhpoldinger Wasenloipe**
Hügelige Runde unter Rauschberg und Unternberg — 170

▶ **57 Tobi-Angerer-Loipe am Hochberg**
Auf den Spuren des Traunsteiner Weltklasse-Athleten — 172

▶ **58 Um Schleching und Ettenhausen herum**
Die Andi-Birnbacher-Loipe zu Füßen des Geigelsteins — 174

▶ **59 Sachranger Loipenschleifen**
Winter-»Garantie« in einem Chiemgauer Schneeloch — 176

▶ **60 Samerberger Loipen**
Naturparadies zwischen Grainbach und Törwang — 179

▶ **61 Durchs Grafinger Moränenland**
Wintermärchen zwischen Hügeln und Filzen — 182

▶ **62 Sportloipe Tal bei Oberpframmern**
Schneesichere Trainingsstrecke im Osten von München — 184

▶ **63 Durchs Glonner »Hochland«**
Schöne Loipe eines engagierten Wintersportvereins — 186

Stichwortverzeichnis — 190
Impressum — 192

Loipenauswahl und Planung

Alle in diesem Buch vorgestellten Langlaufstrecken haben ihren jeweils eigenen Reiz – allerdings nicht für jeden und nicht unter allen Bedingungen. Voraussetzung für einen schönen Tag im Schnee ist, die gerade »richtige« Loipe auszuwählen: eine, die passt – zu einem selbst und den Mitläufern (Erfahrung, Kondition, Können?), zum Wetter und zur Tageszeit (Exposition zur Sonne?), zum Laufstil und zu den aktuellen Schneeverhältnissen.
Um die Loipenauswahl zu erleichtern, sind bei jeder Tour wichtige Informationen zur Planung vorangestellt:

Farbe der Loipennummer:
Die Summe der Anforderungen, die eine Loipe unter normalen Bedingungen stellt, drückt sich in der Farbe des Dreiecks aus, auf dem die Tourennummer steht. Eine differenzierte Betrachtung von Schwierigkeiten und/oder Gefahren findet sich bei dem Punkt »Anforderungen« in der KURZINFO. Die Loipennummern auf der Übersichtskarte in der hinteren Klappe stehen ebenfalls auf Farbkreisen, die die Schwierigkeit widerspiegeln.
Drei Schwierigkeitsstufen werden unterschieden:
■ **Leicht**
Einfache Loipen mit ebenem oder leicht welligem Streckenprofil – für Anfänger geeignet.
■ **Mittel**
Strecken mit Steigungen und Gefällestrecken, für die etwas Erfahrung und Fahrtechnik von Vorteil sind. Steilere Abfahrten sind nur kurz und können ggf. mit abgeschnallten Skiern überwunden werden. Für fortgeschrittene Läufer geeignet.
■ **Anspruchsvoll**
Strecken mit ausgeprägten, teils auch längeren Steigungen und Gefällestrecken. Voraussetzung sind sichere Skiführung (auch bei höheren Abfahrtsgeschwindigkeiten) sowie Erfahrung mit Kurven- und Bremstechniken. Eine Freude für erfahrene Läufer, nichts für Anfänger!

Farben als Planungshilfe:
Bei den Farben sollte man berücksichtigen, dass auch mittelschwere und schwere Loipen zum Teil leichtere Abschnitte (die eigene, meist kürzere Rundkurse sein können) oder Varianten aufweisen, worauf entsprechend hingewiesen wird. Eine schwarze Loipennummer heißt also nicht in jedem Fall, dass schwächere Läufer an dem beschriebenen Ort keine lohnenden Langlaufmöglichkeiten finden würden!

Symbole
Sie zeigen, wie attraktiv die Tour ist (Landschaft, Abwechslung …), wie schneesicher die Loipe in einem durchschnittlichen Winter ist, wie stark sie im Durchschnitt frequentiert wird, ob es Einkehrmöglichkeiten und die Möglichkeit öffentlicher Anreise gibt, und welcher Laufstil praktiziert werden kann (Klassisch, Skating oder Nordic Cruising). Die Symbol-Legende steht auf der letzten Buchseite (neben der Übersichtskarte in der hinteren Klappe).

Planungsthema: Die Einkehr – hier am Walchsee (Loipe 45) – steuert man am besten erst gegen Ende der Tour an, denn ein voller Bauch läuft nicht gern.

KURZINFO
Dieser Abschnitt ist Bestandteil jeder Loipenbeschreibung und bietet die wesentlichen Informationen zur Auswahl einer geeigneten Loipe:

Ausgangspunkt: Üblicher oder besonders geeigneter Startpunkt (z. B. wegen der Parkplatzsituation). Die Möglichkeit einer Anreise mit öffentlichen Verkehrsmitteln wird nur erwähnt, wenn Bahnhof oder Bushaltestelle in der Nähe (weniger als 1 km) eines geeigneten Loipeneinstiegs liegen. Erfordert eine öffentliche Anreise zu einem Loipenziel weitere Anmarschwege mit einem zweiten Paar Schuhe (um die Langlaufschuhe nicht auf Asphalt zu schädigen), sind diese nicht berücksichtigt. Das Bus-/Bahn-Symbol wird nur vergeben, wenn es auch sonntags ein sinnvolle Verbindung gibt.

Weitere Einstiege: Gibt es weitere sinnvolle Möglichkeiten, an Parkplätzen oder Bahnhöfen in die Tour einzusteigen, werden diese hier erwähnt. Je nachdem, aus welcher Richtung man anreist, kann man durch einen anderen Einstieg die Anfahrtsstrecke verkürzen.

Höhenlage: Das Wissen um die Höhenlage kann dabei helfen, die Schneelage einzuschätzen. Nicht immer aber ist die Höhe das einzige Kriterium, das die Schneesicherheit bestimmt (siehe auch Seite 13).

Steigungen (kumuliert): Hier sind die Höhenunterschiede aller Loipenabschnitte aufsummiert, die der Langläufer auf der Tour aufsteigend absolviert (Höhenmeter, in Kurzinfo und Übersichtstabelle abgekürzt mit »Hm«). Da es auf den meisten Loipen wiederholt auf und ab geht, ist der Wert in der Regel größer als die reine Differenz zwischen höchstem und tiefstem Punkt der Tour. Die kumulierten Steigungen geben einen Anhaltspunkt, wie anstrengend eine Loipe ist (die Streckenlänge spielt dabei natürlich auch eine Rolle). Über die Steilheit sagt der angegebene Wert direkt nichts aus.

Streckenlänge/Laufstil: Die Länge der Loipe in Kilometern (ohne Varianten), die vom Ausgangspunkt aus absolviert werden muss, um wieder zum Ausgangspunkt zu gelangen. In Ausnahmefällen ist bei sehr langen Streckenloipen die Länge zwischen Ausgangs- und Endpunkt angegeben; es wird beschrieben, wie (z. B. mit dem Bus) man vom Endpunkt zum Ausgangspunkt zurückgelangen kann.

> **Loipenlänge und Loipenverlauf – exakt? aktuell? maßgeblich?**
> Ein schwieriges Thema, wenn man es gewohnt ist, vorgegebenen Plänen zu folgen, und dabei perfekte Exaktheit erwartet: Der Verlauf und damit auch die Länge vieler Loipen sind nämlich nicht jedes Jahr genau gleich. Veränderte Geländebedingungen, Baumaßnahmen, Besitz- und Umweltfragen sowie touristische/sportliche Überlegungen führen immer wieder dazu, dass Loipen abschnittsweise anders geführt bzw. andersartig gespurt werden. In Grenzen kann auch die Kreativität des Spurgerätefahrers zu immer wieder neuen – oftmals durchaus interessanten – Variationen führen. Schlimm? Wir meinen: Nein!
> Mit Unvorhergesehenem zu rechnen und darauf flexibel reagieren zu können ist in der Natur nämlich ohnehin immer wichtig – auch auf Loipen. Letztendlich sollte man sich nicht zehntelkilometergenauen Planvorgaben unterwerfen, sondern unterwegs sein Wohlbefinden erfühlen und dabei darauf achten, dass man sich anregend fordert, aber nicht überfordert. Wer spürt, dass eine ausgewählte Strecke aufgrund der Länge, der Schwierigkeit oder des Loipenzustandes zu Über- oder Unterforderung führt, sollte nicht zögern vom Loipenvorschlag abzuweichen und Abkürzungen/Extraschleifen zu nutzen oder einfach umzukehren. Denn: Was ist wichtiger? Körpergefühl und Naturgenuss oder beinharte »Planerfüllung«?

Laufrichtung: Üblicherweise werden Rundloipen in einer bestimmten Richtung befahren. Dies kann aber von Ort zu Ort variieren, entsprechend wird auf die übliche Laufrichtung oder auf die vor Ort angebrachten Schilder hingewiesen, die die Laufrichtung anzeigen.
Orientierung: Qualität bzw. Art der Beschilderung, ggf. besondere Orientierungsprobleme.
Anforderungen: Der Streckencharakter bzw. die Voraussetzungen, die man mitbringen sollte (Aufstiegs-, Abfahrts- und Bremstechnik). Für die Bewertung können naturgemäß nur weitgehend unveränderliche Größen berücksichtigt werden: Gelände, Art, Qualität und ggf. Steilheit der Loipe. Zu den Anforderungen, denen man unterwegs dann tatsächlich gewachsen sein sollte, können aber zusätzlich auch variable Größen beitragen: Wetter, Schneebeschaffenheit (besonders kraftraubend: Pappschnee ohne passendes Wachs!), Vereisung. So können die technischen Schwierigkeiten und konditionellen Anforderungen auf einer Tour ggf. höher sein als angegeben.
Varianten: Die meisten Loipen bieten mindestens eine Variante. Es wird beschrieben, wie man die Variante von der Hauptloipe aus erreicht, wie lang und anspruchsvoll sie ist. In der Karte sind die Varianten gestrichelt eingezeichnet.
Nordic Cruising: Wo es sich anbietet, werden Möglichkeiten zum Skiwandern genannt, auch – aber nicht nur – abseits vorgegebener Spuren.
Einkehr: Primär wird auf Einkehrmöglichkeiten entlang der Loipe hingewie-

sen. Ansonsten werden manchmal ausgewählte Gasthöfe und Restaurants in nahe gelegenen Ortschaften genannt. Die Einkehrmöglichkeiten sind in der Karte verzeichnet.

Information: Hier finden sich die Adressen, Telefonnummern und Internetadressen der Tourismuseinrichtungen oder Vereine, die für die Pflege der Loipe zuständig sind. Mit Hilfe dieser Adressen kann man Informationen über den aktuellen Loipenzustand einholen – von Interesse insbesondere nach stärkeren Neuschneefällen (nicht alle Loipen können sofort und gleichzeitig gespurt werden) sowie bei allgemein mäßiger Schneelage.

Perfekte Beschilderung, hier in Ruhpolding.

Streckenprofil

Das Streckenprofil dient dazu, den ungefähren Verlauf der Loipe einzuschätzen; es zeigt Steigungs- und Gefällestrecken sowie ebene Abschnitte mit ihrer jeweiligen Länge. Dazwischen sind ausgewählte Wegpunkte wie Ortschaften, Einkehrmöglichkeiten und Geländepunkte (z. B. Brücken) eingetragen. Im Streckenprofil sind die Abschnitte zum Zwecke der Übersichtlichkeit vereinfacht dargestellt. So kann z. B. ein längerer ansteigender Abschnitt bedeuten, dass es dazwischen kurze Abfahrten oder ebene Stücke geben kann, insgesamt geht es auf diesem Abschnitt jedoch bergauf.

Karte

Die speziell für dieses Buch angefertigten Karten sind alle im Maßstab 1:50.000 gezeichnet – ein Kilometer in der Natur wird also durch zwei Zentimeter in der Karte wiedergegeben, oder anders ausgedrückt: Ein Zentimeter auf der Karte entspricht 500 Meter in der Natur.

Dargestellt sind die Hauptrouten als durchgehende Linien, die Varianten als gestrichelte Linien, farblich unterschieden in Klassisch-, Skating- und Nordic-Cruising-Strecken. Bedeutendere Abzweigungen auf hier nicht weiter beschriebene Strecken sind durch drei Punkte angedeutet. Ein größerer roter Kreis kennzeichnet den beschriebenen Hauptausgangspunkt, kleinere rote Kreise zusätzliche Einstiegsmöglichkeiten. Ausrufezeichen weisen auf Gefahrenstellen hin, die im Beschreibungstext näher erklärt werden (z. B. steile Abfahrt, gefährliche Straße, häufige Vereisung). Des Weiteren enthält die Karte die Symbole für Einkehrmöglichkeiten an der Loipe und besonders erwähnenswerte Gasthäuser in der Nähe; Gasthäuser in Ortschaften sind in der Regel nicht dargestellt (in Bayern und Tirol kann man ja davon ausgehen, in einem Ort mindestens ein Wirtshaus zu finden …). Am Kartenrand geben Hinweise (mit Pfeil) an, wohin die wichtigsten Straßen führen – hilfreich für die Anfahrt zum Ausgangspunkt.

Verhalten, Sicherheit und Gesundheit

FIS-Regeln für Skilangläufer
Um ein gutes Miteinander auf der Loipe/Skatingpiste zu gewährleisten und die Unfallgefahr zu minimieren, hat der Internationale Skiverband (FIS) zehn Regeln aufgestellt:

1. Rücksichtnahme auf die anderen
Jeder Langläufer muss sich so verhalten, dass er keinen anderen gefährdet oder schädigt.

2. Signalisation, Laufrichtung und Lauftechnik
Markierungen und Signale (Hinweisschilder) sind zu beachten. Auf Loipen und Pisten ist in der angegebenen Richtung und Lauftechnik zu laufen.

3. Wahl von Spur und Piste
Auf Doppel- und Mehrfachspuren muss in der rechten Spur gelaufen werden. Langläufer in Gruppen müssen in der rechten Spur hintereinander laufen. In freier Lauftechnik ist auf der Piste rechts zu laufen.

4. Überholen
Überholt werden darf rechts oder links. Der vordere Läufer braucht nicht auszuweichen. Er sollte aber ausweichen, wenn er es gefahrlos kann.

5. Gegenverkehr
Bei Begegnungen hat jeder nach rechts auszuweichen. Der abfahrende Langläufer hat Vorrang.

6. Stockführung
Beim Überholen, Überholtwerden und bei Begegnungen sind die Stöcke eng am Körper zu führen.

7. Anpassung der Geschwindigkeit an die Verhältnisse
Jeder Langläufer muss, vor allem auf Gefällestrecken, Geschwindigkeit und Verhalten seinem Können, den Geländeverhältnissen, der Verkehrsdichte und der Sichtweite anpassen. Er muss einen genügenden Sicherheitsabstand zum vorderen Läufer einhalten. Notfalls muss er sich fallen lassen, um einen Zusammenstoß zu verhindern.

8. Freihalten der Loipen und Pisten
Wer stehen bleibt, tritt aus der Loipe/Piste. Ein gestürzter Langläufer hat die Loipe/Piste möglichst rasch freizumachen.

9. Hilfeleistung
Bei Unfällen ist jeder zur Hilfeleistung verpflichtet.

10. Ausweispflicht
Jeder, ob Zeuge oder Beteiligter, ob verantwortlich oder nicht, muss im Falle eines Unfalles seine Personalien angeben.

Weitere Verhaltensregeln
- Die Loipen verlaufen zum großen Teil über Flächen, die von den Grundbesitzern unentgeltlich zur Verfügung gestellt werden. Respektieren Sie das Eigentum der Landwirte.
- Betreten Sie die Loipe nur mit Langlaufski. Für Spaziergänger räumen viele Gemeinden eigens Winterwanderwege.
- Hunde dürfen – außer auf speziellen Hundeloipen – nicht auf die Loipe.
- Verursachen Sie keinen unnötigen Lärm.

Natur und Umwelt
Wenn Sie Wild sehen, nähern Sie sich nicht, sondern umlaufen die Tiere weiträumig – das gilt besonders für das Nordic Cruising in abgeschiedenen Gebieten. Wegen des Nahrungsmangels im Winter ist das Wild ohnehin geschwächt und braucht die Energie, um zu überleben. Aufgescheuchte Tiere verbrauchen unnötigerweise wichtige Reserven und verenden im schlimmsten Fall an Erschöpfung. Ausgewiesene Wildschutzgebiete dürfen mehrere Monate lang nicht betreten werden. Bitte beachten Sie die Schilder vor Ort. Abfälle wieder mitzunehmen und keine unschönen biogenen Spuren im Schnee zu hinterlassen, ist ja selbstverständlich.

Ein Blick für die kleinen, aber eindrucksvollen Details in der Natur ermöglicht wahres Erleben.

Gefahrenstellen
Gefahrenstellen der einzelnen Touren sind im Text (durch Ausrufezeichen »!«) wie auch in der Karte (durch Warnschilder) gekennzeichnet. Neuralgische Punkte sind:
- steile Abfahrten mit Kurven
- schmale und steile Waldschneisen
- Abfahrten mit engen Durchlässen oder entlang von Stacheldrahtzäunen
- Abfahrten in der Nähe von Gewässern oder Straßen
- unübersichtliche Stellen

Gesundheitliche Aspekte des Langlaufens
Schon das Wort Langlaufen sagt viel, wenn man es in seine Bestandteile zerlegt: Lang laufen kann nämlich nur, wer einen Atem- und Bewegungsrhythmus findet, der lange durchzuhalten ist. Einen solchen Rhythmus für sich finden zu wollen, ist die erste Voraussetzung für freudvolles Langlaufen. Wer seinen Rhythmus – den »Flow« – gefunden hat, wird vielfältig belohnt durch ein tiefes, entspanntes Wohlbefinden beim Sport und danach.
In welchem Geschwindigkeitsniveau sich das Langlaufen abspielt, ist dabei

nicht so wichtig, solange eine Gleitphase im Bewegungsablauf eingebaut ist, die wesentlich für elegantes Vorwärtskommen ist. Wenn die Gleitphase mangels Grundkondition und/oder Technik fehlt, ist das schade, aber nicht wirklich schlimm: Dann ist man halt als Skiwanderer oder Cruiser unterwegs – dem Naturgenuss tut das sowieso keinen Abbruch und der Bewegungsablauf ist dann auch für weniger sportliche Personen geeignet.

Einige Gesundheitstipps:
- Schon vor der Wintersaison Kondition aufbauen. Fit machen kann man sich z. B. durch Laufen, Radeln oder Nordic Walking. Für die freie Technik ist Inline-Skating ein gutes Sommertraining.
- Wählen Sie einfache bzw. kürzere Routen zum Einstieg.
- In der Saison sich schrittweise steigern!
- Lockerungsübungen und ein kleines Aufwärmprogramm, direkt bevor es in die Loipe geht, beugen Verletzungen vor. Lassen Sie es ruhig angehen, und bringen Sie den Körper allmählich auf Touren.

Verlockend: ein isotonisches Hefegetränk nach dem Laufen – mit freiem Blick in die Winterlandschaft.

- Erschöpfungszustände vermeiden! Sich und andere nicht überfordern.
- Viel trinken – am besten mineralreiche Getränke (z. B. Mineralwasser mit wenig Kohlensäure), bei kühler Witterung warmen Tee.
- Nach dem Sport schnell trockene Kleidung anziehen (und bei nasskaltem Wetter gleich ab ins Warme). Durch sanfte Dehnübungen unterstützen Sie die Regeneration der Muskulatur.

Sonnen- und Kälteschutz der Haut

Die Gesichtshaut braucht im Winter besonderen Schutz, denn der aggressiven ultravioletten Strahlung sind Wintersportler stark ausgesetzt: Zur direkten Einstrahlung kommt zusätzlich die indirekte Strahlung, die vom Schnee reflektiert wird. Auch fein verteilte Nebeltröpfchen werfen die unsichtbaren UV-Strahlen zurück und erhöhen die Sonnenbrand-Gefahr noch mehr. Im Winter hat die sonnenentwöhnte Haut zudem meist einen geringeren Eigenschutz. Tragen Sie noch vor dem Start in die Loipe Sonnencreme und Lippenschutzcreme mit hohem Lichtschutzfaktor auf.

Die Langlauf-Region

Der vorliegende Führer beschreibt Loipen, die von Münchnern und Oberbayern im Rahmen eines Tagesausflugs bequem zu erreichen sind. Das Gebiet umfasst das oberbayerische Alpenvorland, die Ammergauer Alpen, die Bayerischen Voralpen, die Chiemgauer Alpen sowie die Region der Kalkhochalpen Bayerns und Tirols um Wetterstein, Karwendel und Kaiser. Im Westen reicht das Gebiet bis zum Ammertal und zur Allgäuer Grenze, im Osten bis zum Dreiländereck Bayern/Tirol/Salzburg (um die Winklmoosalm), im Norden bis einschließlich München. Im Süden werden die benachbarten Gebiete in Tirol erfasst, von Ehrwald im Westen über Seefeld und Kitzbühel bis zum Pillersee im Osten.

Der Winter bietet in Oberbayern und Tirol eigene reizvolle Stimmungen. Häuser und Kirchen wie auch die Berge im Hintergrund sind oftmals mit ruhigem, glitzerndem Weiß verzaubert. Wo im Sommer Biergärten locken, sucht man sich im Winter die gemütliche Stube und den Kachelofen in den Gasthäusern. Da die Tage meist kurz sind und für das Langlaufen eher die Mittagsstunden genutzt werden, bietet der spätere Nachmittag die Möglichkeit, nach dem Sport die Ortschaften, Dörfer und ihre Traditionen zu entdecken (z. B. Schnitzer in Oberammergau, Geigenbauer in Mittenwald, Holzfäller bei Ruhpolding).

Museen bieten besonders in der Adventszeit häufig eigene Ausstellungen z. B. zur Krippenkunst. Faschingsbräuche beleben uralte Traditionen, als der Winter noch eine unwirtliche Jahreszeit war und »ausgetrieben« werden sollte (z. B. Schellenrührer in Garmisch-Partenkirchen). In Ruhpolding und Hochfilzen werden jedes Jahr Biathlon-Weltcup-Wettbewerbe ausgetragen.

Guter Schnee und die Wahrscheinlichkeit ihn anzutreffen

Er ist das Lebenselixier des Wintersportlers. Für den Langläufer gilt, dass besonders in den Tallagen und Hochtälern genug Schnee liegen muss. Besteht keine Unterlage, fällt der Schnee also auf die grüne Wiese, sind erfahrungsgemäß mindestens 20 bis 30 cm Neuschnee nötig, damit eine Loipe maschinell gespurt werden kann.

In der beschriebenen Region fällt Schnee vor allem bei nördlicher, nordöstlicher und nordwestlicher Anströmung der Alpen. Die Stauwirkung an den in West-Ost-Richtung verlaufenden Nördlichen Kalkalpen sorgt dann für reichlich Niederschläge. Während es bei Nordost- und Nordlagen von Dezember bis Februar meist auch ausreichend kalt für Schneefälle bis ins Flachland ist, kann es bei Nordwestlagen vor allem in Höhen unterhalb von etwa 800 Metern auch regnen. Strömt Niederschlag von Süden gegen die Alpen, zeigen sich in den Nordalpen oft trockene Phasen (Föhn, »Abschattung« im Lee des Alpenhauptkamms). Häufig aber »schwappt« zumindest ein Teil des Niederschlags später noch über die Alpen und begünstigt dann in manchen Fällen das Alpenvorland mit Neuschnee; dies gilt v. a. bei der berüchtigten 5b-Lage, wenn also feuchte Mittelmeerluft östlich um die Alpen herumströmt und dabei Osteuropas Kälte abbekommt. Gibt es Tauwetterphasen mit Regen und nachfolgend kalten Nächten (meist bei Aufklaren), vereisen die Loipen – was für die meisten Gelegenheitsläufer die Gefahren erhöht.

Da jeder Winter anders verläuft, beschreibt folgender Ablauf einer Langlaufsaison nur ansatzweise einen »durchschnittlichen Winter«:
- November: Meist reichen die ersten Schneedecken noch nicht aus, manchmal sind aber in höheren Lagen (ab 1000 m) schon erste Loipen gespurt.
- Dezember: Die ersten Kaltluftvorstöße lassen es häufig bis ins Flachland schneien. Man kann dann oft auch schon im Alpenvorland »zuschlagen«. Milde Tage vor bzw. um Weihnachten sind in sehr vielen Wintern wahrscheinlich.
- Januar: Oftmals ein trockener, kalter Monat. Wo ausreichend Schnee liegt, bleibt er oftmals erhalten (besonders in »Kaltluftseen«, also in schattigen Becken und Tälern unter steil aufragenden Bergen). Im Alpenvorland kann der Hochnebel Schnee konservieren, allerdings trübt er die Sicht und den Genuss.
- Februar: In der ersten Monatshälfte ist es oftmals noch kalt genug, dass auch das höhere Flachland (ab 500/600 m) noch einige Schübe Neuschnee abbekommt. Im Laufe des Monats verlagert sich weiterer und anhaltender Schneezuwachs dann zunehmend in höhere Lagen.
- März: Zumindest höhere Lagen sowie besonders schattige (meist West-Ost-verlaufende) Alpentäler bieten oft noch gute Loipenbedingungen bis zur Monatsmitte – in günstigen Wintern noch länger.
- April: Am Ende schneereicher Winter kann man in höher gelegenen Schneelöchern wie der Winklmoosalm manchmal noch bei frühlingshaften Bedingungen langlaufen.

Licht und Schatten

Nicht immer muss der Himmel strahlend blau sein. Hochnebel kann einen Wintertag vor allem im Alpenvorland und am direkten Alpenrand grau gestalten. Dies hat aber auch den Vorteil, dass die Loipe kalt und griffig (und ruhig) bleibt. Wer dennoch die Sonne sucht, für den lohnt ein Blick auf die Webcams höher gelegener Alpentäler oder inneralpiner Orte im Internet, denn dort kann sich der Nebel aufgelöst haben. Loipen in steil begrenzten Alpentälern können auch an sonnigen Tagen im Hochwinter (Dezember/Januar) sehr schattig – und damit sehr kalt – bleiben. Loipen, die durch ihre Schatten- und/oder Höhenlage meist recht langfristig schneesicher sind, lohnen vor allem ab Februar (z. B. Vorderriß, Eng, Pertisau, Winklmoosalm).

Top Ten der Autoren	
1. Von Ehrwald durchs Gaistal in die Leutasch	Tour 10
2. Durch den Großen Ahornboden in die Eng	Tour 29
3. Kaiserwinklloipe bei Kössen	Tour 46
4. Panoramaloipe Krün – Barmsee – Gerold	Tour 15
5. Falzthurn- und Gramaialm bei Pertisau	Tour 30
6. Hinterkaiserloipe bei St. Johann	Tour 47
7. Olympische Strecken bei Seefeld	Tour 12
8. Finsterwald – Bad Wiessee	Tour 34
9. Bad Tölz – Kloster Reutberg	Tour 22
10. Winklmoos – Moarlack	Tour 52

Auf der Hinterkaiserloipe bei St. Johann. Rechts im Hintergrund die Steinplatte.

Infos zur Schneelage
Bei grenzwertigen Wetter- bzw. Schneebedingungen sollte man sich über die Schneelage und den Loipenzustand (ist überhaupt gespurt?) am Zielort erkundigen. Dazu kann man die Informationsquellen nutzen, die bei den jeweiligen Loipen angegeben sind. Darüber hinaus gibt es auch überregional betriebene Webseiten, die Wintersport-Infos und Info-Quellen bereithalten:
- www.bergfex.de, www.bergfex.at
- www.loipentipp.de
- www.loipenportal.de/tegernsee-schliersee
- www.tiscover.com

Einen Hinweis auf die Schneelage eines Gebiets kann auch die Schneefallgrenze im Wetterbericht geben. Angaben zur Höhenlage einer Loipe finden Sie in diesem Buch unter »KURZINFO« bei der jeweiligen Tour.

Streckentouren und längere Unternehmungen
Die Loipennetze mancher benachbarter Gemeinden lassen sich über Verbindungen gut zu längeren Streckentouren kombinieren. Hier einige Anregungen für mehrtägige Touren:
- Werdenfelser Land: Ab Klais (Bahnstation) ein Stück weit mit Tour 17 Richtung Kaltenbrunn, abzweigen nach Gerold und mit Tour 15 (rechter Teil) über den Barmsee bis Wallgau. Mit Tour 14 von Wallgau bis Vorderriß und zurück. Mit dem linken Teil von Tour 15 bis Gerold und wieder nach Klais (insgesamt ca. 47 km, Übernachtung in Wallgau oder Krün).
- Ammertal: Von Unterammergau (Bahnstation) auf der Loipe nach Oberammergau. Weiter mit Tour 7 nach Ettal und über die Ettaler Mühle mit Tour 8 bis Linderhof. Rückfahrt bis Unterammergau (ca. 44 km, die Rücktour kann mit Bussen abgekürzt werden). Übernachtung in Ettal, Graswang oder Linderhof.

Kulisse der Elmauer Loipe: Hochblassen, Alpspitze und Zugspitze (von links).

- Im Kaiserwinkl lassen sich die Loipen 45, 45 Variante und 46 gut verbinden; so ergibt sich eine 45-km-Tagestour für Konditionsstarke.
- In den südöstlichen Chiemgauer Alpen kann man die Loipen um Reit im Winkl, Winklmoos, Heutal und Ruhpolding verbinden. Wer will, kann also die Loipen 50 bis 56 zu einem mehrtägigen Gesamtkunstwerk vernetzen. Für eine Übernachtung in der Höhe bietet sich die Traunsteiner Hütte an.

Streckentouren auf Langlaufski bedürfen sorgfältiger Planung von Route und Unterkunft. Auskünfte erteilen die Tourist-Informationen der jeweiligen Etappenorte.

Kosten für die Loipenbenutzung

Klar, das Spuren der Loipen ist mit Arbeit und Kosten verbunden. Daher sollte man die oft in Form von Spendenkästchen oder Überweisungsträgern gebotene Möglichkeit zu freiwilligen Spenden auch nutzen. Bei kostenpflichtigen Loipen sind an den Startpunkten meist Loipenautomaten für Tageskarten aufgestellt. Wer eine Gästekarte besitzt, ist in der Regel von der Loipengebühr befreit. Gebührenmuffel können auch unterwegs von Kontrolleuren zur Kasse gebeten werden.

Touristische Informationen

Mal nicht Langlaufen und trotzdem aktiv ...
In vielen Orten finden sich Hütten mit Rodelwegen, geräumte und gekennzeichnete Winterwanderwege sowie Hallen-/Erlebnisbäder mit Saunalandschaften. Dies können auch Alternativangebote für Familienmitglieder oder Freunde sein, die wandern, rodeln, Schlittschuhlaufen oder schwimmen wollen, während der andere Teil der Gruppe langläuft (und vielleicht danach noch ins Erlebnisbad geht). Hier einige Infoquellen zur Ausflugs- und Urlaubsplanung:

Tourismusverbände (überregional):
- Tourismusverband München-Oberbayern e.V., Radolfzeller Str. 15, 81243 München, Tel. 089/829218-0, www.oberbayern.de, touristinfo@oberbayern.de.
- Tirol Info, Maria-Theresien-Straße 55, A-6020 Innsbruck, Tel. +43/(0)512/7272-0, www.tirol.at, info@tirol.at.

Alpine Wetterberichte:
- Alpenvereinswetterbericht: Tel. 089/295070, www.alpenverein.de.
- Deutscher Wetterdienst: Alpenwetter Tel. 0900-11160-11; Zugspitzwetter Tel. 0900-11160-12, www.dwd.de.

Fahrplanauskunft
- Deutsche Bahn (DB), Tel. 0180-5996633 (allgemeine Servicenummer), Tel. 0800-1507090 (kostenloses Sprachdialogsystem), www.bahn.de.
- Bayerische Oberlandbahn (BOB), Service-Telefon 08024/997171, www.bayerischeoberlandbahn.de.
- Regionalverkehr Oberbayern (RVO), Tel. 089/55164-0, www.rvo-bus.de.
- Verkehrsverbund Tirol (VVT), Tel. +43/(0)512/561616, www.vvt.at.

Notruf
Deutschland: 112 (Festnetz und Mobilfunk)
Österreich: 140 (Festnetz), 112 (Mobilfunk)

Das Graswangtal in den Ammergauer Alpen. Blick auf Scheinbergspitze (links) und Große Klammspitze (rechts).

Ausrüstung

Eins vorweg: Beim Kauf der Ausrüstung ist eine kompetente und individuelle Beratung in einem guten Sportfachgeschäft durch nichts zu ersetzen – auch nicht durch die folgenden Zeilen. Hier können und sollen nur ausgewählte Themen angerissen werden.

Fürs Langlaufen braucht man:
- Ski mit Bindungssystem: Grundsätzlich unterscheidet man zwischen klassischen Langlaufskiern für den Diagonalschritt und Skating-Skiern für den Schlittschuhschritt. Die Ausrüstung zum Nordic Cruising ist eigentlich urklassisch, die breiteren Skier setzen nämlich nicht unbedingt eine maschinelle Präparierung des Schnees voraus
- Langlaufschuhe passend zu Bindung, Langlaufstil und Fahrkönnen
- Langlaufstöcke passend zu Langlaufstil und Fahrkönnen
- Skiwachs und Zubehör
- zweckmäßige, atmungsaktive Funktionskleidung
- zweckmäßige Sonnenbrille

Klassischer Langlaufski

Beim klassischen Langlaufski besteht die Lauffläche aus:
- der Gleitzone (vorne und hinten)
- und der Haftzone (in der Mitte des Skis); sie wird auch Steig- oder Abstoßzone genannt

Nach der Art der Haftzone unterscheidet man:
- Wachsfreie Ski (»Nowax«): Sie besitzen in der Haftzone Kronenschliff, Schuppen oder chemische Beläge und benötigen kein Steigwachs (auf die Gleitzonen der sogenannten wachsfreien Ski muss aber sehr wohl Gleitwachs aufgetragen werden!). Damit die Haftzone nicht vereist oder stollt, empfiehlt sich ein Spray bzw. Pflegemittel gegen das Stollen. Die »Wachsfreien« eignen sich gut für Anfänger und Hobbyläufer.
- Wachsski: Die Haftzone muss mit einem speziellen, auf die Schneeverhältnisse abgestimmten Steigwachs behandelt werden. Die Gleitzonen benötigen wie alle Ski natürlich auch Gleitwachs.

Nordic-Cruising-Ski

Diese Ski sind kürzer, breiter und somit wendiger als die klassischen Langlaufbretter. Außerdem sind sie leicht tailliert, die Skispitze weniger stark aufgebogen. Wegen ihrer Breite sinkt man im tieferen Schnee nicht so stark ein.

Schönes, aber sehr seltenes Cruising-Revier: der Chiemsee (zuletzt 2006).

Beim Abfahren bieten die Cruising-Latten eine verbesserte Stabilität, während sie beim Aufsteigen durch eine extra lange Steigzone gut haften. Dieses Mehr an Reibung auf der Lauffläche geht jedoch auf Kosten der Gleitfähigkeit, weshalb geübte Langläufer auf maschinell präparierten Spuren keine Freude an Nordic-Cruising-Skiern haben werden.

Skatingski

Ein Skatingski hat eine flachere Schaufel und besitzt eine einzige lange Gleitzone. Somit wird die gesamte Lauffläche mit einem Gleitwachs behandelt. Das Abstoßen geschieht über die Kanten.

Länge und Spannung von Langlaufskiern:

▶ Bei der Skilänge kann man sich an folgenden Richtwerten orientieren:
- klassischer Langlaufski = Körpergröße + 20 cm
- Nordic-Cruising-Ski = etwa Körpergröße, besonders stark vom Körpergewicht abhängig
- Skatingski = Körpergröße + 10 cm.

▶ Die Spannung der Ski muss zum Körpergewicht passen, wobei sie natürlich auch mit der Härte und Skilänge zusammenhängt. Grundsätzlich gilt: Je unerfahrener ein Läufer ist, desto besser kommt er mit einem kürzeren, weicheren Ski zurecht. Dieser greift und bremst stärker, im kurvenreichen Gelände dreht er leichter. Ein breiterer Ski mit größerer Auflagefläche bietet einen stabileren Stand. Fortgeschrittene hingegen wählen einen längeren und schmaleren Ski mit größerer Spannung und besseren Gleiteigenschaften.

Die optimale Spannung zu ermitteln, ist eine Gratwanderung. Beim klassischen Ski soll die Steigzone beim Abstoßen und Aufsteigen einerseits möglichst fest auf dem Untergrund gedrückt werden können; andererseits soll sie in der Gleitphase möglichst keine Reibung bieten, also den Schnee nicht berühren. Bewährt hat sich der Papierstreifentest, den Sie im Fachgeschäft oder Skiverleih durchführen können. Legen Sie hierzu beide Ski auf eine glatte Oberfläche, stellen Sie sich darauf und belasten Sie beide Bretter gleichmäßig. Eine zweite Person schiebt nun auf Höhe der Bindung ein Stück Papier unter den Ski. Der Bereich, in dem sich das Papier vor- und zurückschieben lässt, markiert Ihre persönliche Haftzone, der Rest sollte Gleitzone sein. Wenn Sie nur einen Ski belasten, soll das eigene Körpergewicht den Ski gerade noch auf den Boden drücken, damit die Haftzone im Schnee greifen kann. Da die Skispannung im Laufe der Zeit nachlässt, wählen Sie im Zweifel den Ski mit der größeren Spannung.

Für die optimale Stocklänge gelten folgende Formeln:

▶ Stocklänge Klassisch = Körpergröße x 0,85
▶ Stocklänge Cruising = Körpergröße x 0,75
▶ Stocklänge Skating = Körpergröße x 0,90

Kleidung, Kälte- und Sonnenschutz

▶ Funktionsunterwäsche
▶ leichte, atmungsaktive Oberbekleidung in mehreren Lagen
▶ eng anliegende Langlauf- oder lange Radhose ohne Gesäßpolster
▶ Handschuhe (wenn's warm ist auch Radhandschuhe)
▶ Mütze oder Stirnband, Sonnencreme und Sonnenbrille
▶ Hüftgürtel, besonders auf längeren Stecken; für ausreichend Wasser oder Tee, Proviant (Energieriegel), Landkarte, Kopfbedeckung und Handschuhe (bei wechselnden Temperaturverhältnissen, Sonne/Schatten).

Wachs

Richtiges Wachsen ist eine komplexe Wissenschaft. Verwachste oder gar nicht gewachste Ski schränken das Fahrvergnügen ein. Eine genaue Erläuterung mit allen Tricks und Kniffen, wie sie im Rennsport angewendet werden, würde den Rahmen dieses Langlaufführers sprengen. Daher hier nur einige Tipps für Freizeitläufer:

Um das richtige Wachs auszuwählen, sind mehrere Faktoren zu berücksichtigen:

- Schnee- und Lufttemperatur
- Luftfeuchtigkeit und Wetterverhältnisse (Sonne, Schnee, Regen)
- Schneestruktur (trocken oder nass, frisch oder alt, fein oder grob)
- Zustand der Loipe/Piste
- Gelände (steil oder flach)
- Lauftechnik

Allgemein kann man sagen: Je härter und aggressiver der Schnee, desto härter auch das Wachs. Je weicher und feuchter, desto weicher wiederum das Wachs.

Ob Klassisch oder Skating: Auf die Gleitzone des Skis kommt Gleitwachs. Es vermindert die Reibung und verbessert die Gleiteigenschaften. Steigwachs wird ausschließlich auf der Haftzone des klassischen Wachsskis (nicht des wachsfreien klassischen Skis) aufgetragen. Für die unterschiedlichen Temperaturbereiche gibt es unterschiedliche Wachse.

Es gibt verschiedene Möglichkeiten, das Wachs aufzutragen. Manche werden heiß mit dem Bügeleisen auf die Lauffläche gebügelt, andere kalt mit einem Stück Kork in den Belag einmassiert. Wieder andere werden als Spray aufgesprüht oder mit einem Schwamm aufgetragen.

Lassen Sie sich in einem Fachgeschäft ausführlich beraten und stellen Sie sich ein Wachssortiment für verschiedene Bedingungen zusammen. Für die Auswahl des gerade passenden Wachses ist etwas Gefühl nötig. Aber durch Experimentieren mit dem Wachs wächst die Erfahrung von Tour zu Tour.

Ski-Verleih

Anfänger und Gelegenheitsläufer können sich Ski und Stöcke bei Sportgeschäften oder Skischulen und vor Ort ausleihen. So kann man auch ganz gut ausprobieren, welche Technik einem am besten zusagt.

Ideal zum Lernen: Bei Pulverschnee macht Stürzen Spaß.

Laufstil und Fahrtechnik

Langlaufen unterscheidet sich zwar grundlegend vom Alpinskifahren. Trotzdem kommt man auf den schmalen Latten leichter zurecht, wenn man die ersten Kämpfe mit dem Gleichgewichtsproblem auf den deutlich breiteren und stabileren Alpinskiern hinter sich gebracht hat. Wer auf den »Alpinbrettern« schon sicher unterwegs ist, tut sich also leichter mit den nordischen Latten, muss sich aber auch erst daran gewöhnen, dass man eine ganz andere Kurventechnik braucht und dass die Ferse nicht auf dem Ski fixiert ist – eine Tatsache, die wohl jedem Umsteiger erstmal einige mehr oder minder lustige Abflüge beschert.
Wer ohne Alpinski-Erfahrungen einsteigt und nicht von sportlichen Ambitionen angetrieben wird, hat es mit Nordic Cruising am leichtesten – fangen wir also damit an.

Nordic Cruising
Mit dem modernen Begriff wird etwas sehr Altes beschrieben: Skiwandern. Das kann man auf klassischen Loipen machen oder auch abseits präparierter Strecken. Unterschiede zum normalen Wandern gibt es vor allem an Steigungen und Gefällestrecken: Bergauf geht es im Grätenschritt (Skispitzen auseinander) mit Stockunterstützung voran, bergab wird im Pflug gebremst (Skienden auseinander). Der natürliche Bewegungsablauf beim Skiwandern entspricht im Prinzip dem beim klassischen Langlauf, man kann aber ohne Gleitphase auskommen. Daher kann man es beliebig gemütlich angehen lassen. Man kommt dann aber auch nicht schneller voran als ein Spaziergänger!
Wer auf klassischen Loipen langsam cruist, sollte versuchen, die gleitenden und daher schnelleren Klassischläufer möglichst wenig zu behindern; also nicht nebeneinander wandern! Und zum Rasten und Ratschen unbedingt neben die Spur treten – eine Loipe ist ja schließlich als Sportanlage gedacht.
Nordic Cruising abseits der Loipen erfordert deutlich mehr Können und Kenntnisse: Die Skiführung kann anspruchsvoll sein, wenn der Schnee nicht verdichtet ist oder aufgewühlt wurde (manchmal ähnlich wie bei Skitouren), man muss sich selbstständig im Gelände orientieren können und dabei auch die Naturgefahren (z. B. Lawinengefahr von oben) berücksichtigen. Nicht zuletzt muss man auch wissen, wie man sich natur- und wildschonend verhält – was bedeuten kann, dass man seinen Entdeckerdrang nicht überall ausleben kann.
Rein motorisch gesehen ist Nordic Cruising mit dem klassischen Langlaufen eng verwandt, man läuft nur langsamer.

Klassisches Langlaufen (Diagonaltechnik)
Klassisches Langlaufen spielt sich im dynamischen Wechsel zwischen Gleiten und Abstoßen ab. Beim Diagonalschritt bewegen sich Arme und Beine gegengleich, d. h. wenn der linke Arm und das rechte Bein nach vorn schwingt, schwingt der rechte Arm und das linke Bein nach hinten, beim nächsten Schritt umgekehrt, usw. In der Gleitphase wird der Gleitski belastet, in der Abdruckphase bleibt der Abdruckski für einen kurzen Moment stehen. Schwungbein und kräftiger Stockeinsatz treiben den Läufer vorwärts.

Der Doppelstockschub, bei dem beide Arme gleichzeitig schieben, kann beim Gleiten im abschüssigen oder flachen Gelände zum Einsatz kommen. Zum Aufstieg bedient man sich des Grätenschrittes, bei dem die Ski ein V bilden, um ein Abrutschen zu verhindern. Gebremst wird mit dem Pflug, die Ski formen ein A.

Spurbilder beim klassischen Langlauf (Strich = Skibelastung; Punkt = Stockeinsatz):

▶ Diagonalschritt:

▶ Doppelstockschub:

▶ Grätenschritt bergauf:

▶ Pflug bergab:

Skating (freie Technik)

In den 1970er-Jahren setzte der Finne Pauli Siitonen bei Rennen in klassischer Technik (damals die einzige Stilform) einen Halbschlittschuhschritt mit Doppelstockschub ein, um seine Konkurrenten abzuhängen; das tat er recht erfolgreich, indem er den Wasalauf und vier Mal den König-Ludwig-Lauf gewann. Er gilt heute als Wegbereiter des Skating-Stils, für den die FIS in der Saison 1985/86 eigene Wettbewerbe einführte.

Wie beim Schlittschuhlaufen bildet der Ski bei der Skating-Technik ein V. Der Abstoß findet vom gekanteten, gleitenden Ski statt,

Links Skater auf planer Piste, rechts Klassikläufer in Loipenspuren.

d. h. es gibt keine Standphase wie beim Diagonalschritt, sondern eine fließende Bewegung ohne Stopp. Der Oberkörper pendelt immer in Richtung des gleitenden Skis. Die Stöcke werden meist kraftvoll im Doppelstockschub eingesetzt. Im Detail gibt es dafür mehrere, je nach Gelände und Tempo zu wählende Techniken, deren Erläuterung hier allerdings zu weit führen würde. Der technisch versierte Skater erreicht eine höhere Geschwindigkeit als der klassische Langläufer.

Die gewalzte Piste ohne Spurführung ist ausschließlich für Läufer gedacht, die im Skating-Stil (auch: »freie Technik«) unterwegs sind. Umgekehrt darf auf Loipen mit präparierten Spuren nur die klassische Technik mit parallel geführten Skiern angewandt werden, um die Spur nicht zu beschädigen.

Abfahren und Bremsen – Herausforderung bei allen Laufstilen

Bei sanften bis mittelsteilen geraden Abfahrten gleitet man mit Doppelstockschub oder in der Abfahrtshocke talwärts. Wird es steiler und kurviger, kommt der Pflug zum Einsatz. Die Ski bilden ein V, es wird jeweils der Außenski belastet, um Bögen zu fahren. Beim Halbpflug bleibt ein Ski in der Spur, der andere wird zum Bremsen (auch zum Steuern) ausgestellt. Verläuft direkt neben der klassischen Loipe eine Skating-Piste, kann man diese zum Abfahren nutzen. Dabei immer locker auf den Skiern stehen und nicht verkrampfen. Notfalls in die Hocke gehen und sich zur Seite fallen lassen. Ungeübte oder ängstliche Läufer sollen sich nicht scheuen, auch mal die Ski abzuschnallen und ein Steilstück zu Fuß zu überwinden.

Vorsicht – gefährlicher Anfänger-Fehler!

Die Stöcke nie mit den Spitzen nach vorne gerichtet führen – schon gar nicht, um so mit den Stöcken zu bremsen! Man sieht immer wieder Anfänger, die ihre Fahrt instinktiv dadurch verzögern wollen, dass sie sich an den vor sich eingestochenen Stöcken abstützen. Das ist höchst gefährlich, weil man sich die Stöcke dabei in den Körper oder das Gesicht rammen kann. Es gibt Berichte über schlimme Verletzungen, die so entstanden sind.

Langlauf-Kurse

Um von Anfang an die richtige Technik zu erlernen, sind die örtlichen Skischulen die richtigen Ansprechpartner. Dort werden Kurse angeboten, man erhält eine ausführliche Beratung, die persönliche Wünsche und Fähigkeiten einbezieht.

Üblicherweise beginnt man mit dem klassischen Stil oder Nordic Cruising und steigt vielleicht später auf die schwierigere Skating-Technik um.

Das Langlaufen kann man sich natürlich auch autodidaktisch beibringen. Den idealen Anfang bieten leichte Übungsloipen im flacheren Terrain. Sie befinden sich an den Einstiegen einiger im Buch beschriebener Touren. Schon nach wenigen Laufstunden dürfte die (Loipen-) Bahn frei sein für erste Erkundungen auf eigene Faust.

Literatur-Tipps:

▶ Niebling, Verena: Skilanglauf, Bruckmann Verlag, München, 2013.
▶ Wöllzenmüller, F. / Wenger, U: Richtig Skilanglauf, BLV, München, 2010.

Münchner Umland

1 Thanning – Dietramszell

Auf Uschi Disls Spuren über die Loipen des SC Moosham ★★

K
S

Der sehr engagierte Skiclub Moosham – bekannt durch die ehemalige Weltklasse-Biathletin Uschi Disl – präpariert diese Loipe, die wohl eine der schönsten Loipen im Oberland ist, wenn nicht gar die schönste. Das gilt natürlich nur, wenn auch im Alpenvorland genug Schnee liegt. Dann aber gleitet man auf dem Weg nach Dietramszell genussvoll durch verwunschene Waldschneisen und über sanfte Moränenhügel, die wunderbare Blicke auf die Alpenkette bieten.

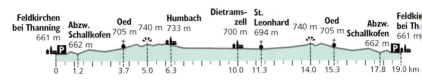

KURZINFO

Ausgangspunkt: 82544 Egling-Feldkirchen, Parkplatz beim Kieswerk Haller. Anfahrt von Öhnbeck an der Staatsstraße 2070 (Sauerlach – Wolfratshausen) nach Thanning, von dort nach Süden, beim kleinen Weiler Feldkirchen links ab.
Weitere Einstiege: Langlaufparkplätze in Schallkofen, in Humbach und bei der Kirche St. Leonhard nördlich von Dietramszell.
Höhenlage: 660 – 740 m.
Steigungen (kumuliert): 250 Hm.
Streckenlänge/Laufstil: 19,0 km (Klassisch und Skating).
Laufrichtung: Zwischen Humbach und Dietramszell gegen den Uhrzeigersinn.
Orientierung: Problemlos, gute Beschilderung.
Anforderungen: Hügeliges Gelände mit Abfahrten, die meist harmlos sind; einige steilere Abschnitte können – zumal bei vereister Spur – aber schon etwas Fahrkönnen verlangen (stellenweise Tendenz zu rot).
Varianten: 1) Vom Parkplatz bei Feldkirchen führt eine Stichstrecke für Skater und Klassiker nach Norden bis zum Ortsrand von Thanning (leicht hügelig, aber problemlos, knapp 4 km hin und zurück). 2) Trainingsschleifen bei Schallkofen.
Tipp: Nachtloipe in Schallkofen (Montag bis Donnerstag 18 – 20 Uhr).
Hinweise: 1) Spendenkästchen in Schallkofen, Humbach und bei der Kirche St. Leonhard. 2) Keinesfalls nachts mit Stirnlampe laufen (Wildschutz)!
Sehenswert: St. Leonhard, Wallfahrtskirche nördlich von Dietramszell.
Einkehr: Gasthaus Hansch in Feldkirchen, Gasthaus Geiger in Humbach. Weitere Gasthäuser (nicht direkt an der Loipe) in Dietramszell und Thanning.
Information: www.scmoosham.de, www.powderworld.de, Loipentelefon 0177 7912025.

St. Leonhard bei Dietramszell.

Münchner Umland

Weiße Weite im Oberland.

Am höchsten Punkt der Loipe.

Wir starten auf der nach Süden führenden Loipe. Nach Überwindung eines ersten Hügels verzweigen sich die Spuren: Rechts geht's nach Schallkofen, wir fahren nach links weiter und durchstreifen dabei eine wunderschöne Hügellandschaft. Bevor die Loipe nach links in ein Waldstück eintaucht, sieht man rechts das Schloss Harmating. Bald nach dem Weiler Oed, der in einiger Entfernung passiert wird, öffnet sich der Blick auf die Alpenkette. Nach der Abfahrt zu einer Straße (!) und deren Überquerung erklimmen wir einen besonders aussichtsreichen Hügel, wo die Loipe mit 740 m den höchsten Punkt erreicht und bei einem Baum einen besonders attraktiven Rastplatz bietet. Nach flotter Abfahrt erreicht man eine Verzweigung, auf die wir später von Osten her wieder treffen werden. Jetzt fahren wir nach rechts. In Humbach wendet sich unsere Strecke scharf nach links und bietet gleich wieder eine längere Abfahrt. Danach führt die Loipe wieder durch abwechslungsreiches Gelände mit Mooren und lichten Wäldern, bevor schließlich der südliche Wendepunkt am Ortsrand von Dietramszell erreicht ist.

Vor dem Ortsrand geht es nach links. Wir passieren ein reizvolles Moorgebiet und gelangen über eine Lichtung parallel zur Straße zur Wallfahrtskirche St. Leonhard. Die Loipe schwenkt nun nach Westen ein und führt durch Waldstücke (mit manchmal undeutlicher Spur auf rarer Schneebedeckung) und über Lichtungen. Bald nachdem wir wieder auf freier Wiese gleiten, schließt sich der Kreis der Dietramszeller Runde: An der zuvor schon erwähnten Verzweigung biegen wir rechts ab und befinden uns damit wieder auf der anfangs zurückgelegten Strecke. Darauf geht's zurück zum Ausgangspunkt.

An schönen Tagen herrscht reger Betrieb, hier bei der Kapelle von Oed.

Münchner Umland

Icking – Wolfratshausen

Das Langläufer-Hügelland nahe München

K

Dem eiszeitlichen Isar-/Loisachgletscher sei Dank – die hügelige Moränenlandschaft nördlich von Wolfratshausen bietet eine Aussicht ersten Ranges auf die Alpenkette. Doch auch an trüberen Tagen bildet die mehrspurige klassische Loipe des Ickinger Wintersportvereins bis zum Golfplatz am Bergkramerhof eine von München schnell erreichbare, sportliche Unternehmung.

KURZINFO

Ausgangspunkt: 82057 Icking, Walchstadter Straße; nach ca. 700 Metern am Straßenrand parken (die Loipe beginnt nach der Abzweigung des Zugspitzweges links der Straße, rechts auf den Wiesen nur Zubringerspur). Bessere Parkmöglichkeiten gibt es am alternativen Einstieg Bergkramerhof.
Mit der Bahn zur Haltestelle Icking an der S7 München – Wolfratshausen. Zugangsweg zur Loipe auf der Webseite.
Weitere Einstiege: Bergkramerhof in Wolfratshausen; bedingt an den Straßen bei Attenhausen und Dorfen.
Höhenlage: 650 – 700 m.
Steigungen (kumuliert): 160 Hm.
Streckenlänge/Laufstil: 14,5 km Klassisch.

Laufrichtung: Wird überwiegend entgegen dem Uhrzeigersinn gelaufen.
Orientierung: Da zuweilen Schilder fehlen und mancherorts verschiedene Spuren bestehen, sollte man auf die hier beschriebene Routenführung achten.
Anforderungen: Viele mittelschwere Anstiege und Abfahrten. Kondition und mittleres langläuferisches Können sind erforderlich.
Variante: 1 – 2 km lange Zusatzschleife über den Golfplatz.
Hinweis: Da die Loipe vom lokalen Sportverein präpariert wird, ist eine kleine Spende willkommen (Spendenkästchen am Loipenstart).
Einkehr: In Tourmitte der »Bergkramerhof«.
Information: Webseite des Ickinger Wintersportvereins: http://wsvi.com/loipe.htm.

Die Loipe führt über weite freie Moränenhügel.

Münchner Umland

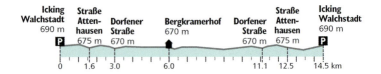

Von der Tafel am linken Rand der Walchstädter Straße (nach dem Abzweig des Zugspitzweges) steigen wir links in die Loipe ein. Nach Querung eines Sträßchens folgen wir den Spuren rechts haltend hinauf auf eine Anhöhe. Von dort geht es zügig abwärts zur Autostraße (!) am Dorfrand von Attenhausen. Jenseits führt uns die Spur wieder rechts haltend aufwärts zum Waldrand, woraufhin erneut eine Abfahrt zu einer breiteren Autostraße (!) folgt. Wir überqueren diese und über die Dorfener Höhe mit Aussichtsbank geht es zu einer Loipentafel bei einer auffallenden Baumgruppe (Pappeln).

Das Sträßchen hinter den Bäumen queren wir, kurz danach geht es rechts ab. Wir folgen der linken von den beiden rechts abzweigenden Spuren (die rechte bildet eine Zusatzschleife als Variante) und laufen abwechslungsreich über den Golfplatz. Nach einem Stück am Waldrand wendet sich die Spur nach links. Wir zweigen danach rechts ab, an den Entfernungsanzeigern der Driving Range vorbei und passieren die »Alte Gutsküche«. Im Linksbogen gleiten wir abwärts zum Bergkramerhof.

Die Wiesen zwischen Icking und Dorfen bieten Platz für viele Spuren.

Am Horizont begleitet die breite Kulisse der Alpen die Langläufer.

Wir passieren den Bergkramerhof und laufen im Auf und Ab wieder zurück zum Golfplatz. Dort treffen wir am Waldrand auf die Hinloipe. Wir folgen dieser, halten uns aber bald rechts und absolvieren eine schöne Runde auf dem Aussichtsrücken hoch über Wolfratshausen. Im Linksbogen geht es schließlich zurück zur Straßenquerung bei der auffallenden Baumgruppe.

Von dort führt die Rückloipe entlang der Hinloipe. Nur beim letzten Stück nach der Straße bei Attenhausen halten wir uns rechts (die Hinloipe kommt von links steil herunter) und laufen zwischen Äckern und der Straße zurück zum Ausgangspunkt.

Münchner Umland

3 Traubing – Tutzing

Hausloipe der Starnberger

K
S
Die Hügel des Tutzinger Golfplatzes zwischen Deixlfurter See und Traubing bieten im Winter eine seit Jahren perfekt gepflegte und demzufolge sehr beliebte und viel befahrene Loipe. Die abwechslungsreiche Spuranlage und Nähe zu München macht die Tour zu einer lohnenden sportlichen Unternehmung.

KURZINFO

Ausgangspunkt: 82327 Traubing, Parkplatz beim Golfclub Tutzing an der Deixlfurter Straße. Zufahrt: Von der B2 Starnberg – Weilheim südlich von Traubing abbiegen zum Golfplatz und zur Loipe.
Weiterer Einstieg: Von Tutzing: An der Traubinger Straße bei der Abzweigung zum Deixlfurter See.
Höhenlage: 660 – 700 m.
Steigungen (kumuliert): 100 Hm.
Streckenlänge/Laufstil: 12,0 km (Klassisch und Skating).
Laufrichtung: Entgegen dem Uhrzeigersinn.
Orientierung: Perfekt beschildert.

Anforderungen: Die Loipe verläuft über viele sanfte Hügel. Anstiege und Abfahrten sind aber nirgends schwierig. Unter den roten Loipen ist diese eine der leichteren.
Variante: Vor Ende der Loipe rechts die kurze, schwierige Variante über den Baderbichl mit einem knackigen Anstieg und kurzen zügigen Abfahrten.
Hinweis: Da die Loipe von einer engagierten Familie ehrenamtlich gepflegt wird, ist eine Spende willkommen (Hinweis am Loipenstart und unter www.ammersee-region.de/ski-langlauf.html).
Einkehr: An der Loipe und am Ausgangspunkt keine. Im Ort Traubing Einkehrmöglichkeiten.
Information: Stets sehr aktuell auf www.tutzinger-langlaufloipe.de.

Da kommt Freude auf: Donald Duck als Wegweiser.

Gut bevölkert ist die Traubinger Loipe; die Spuren lassen dennoch viel Platz.

Vom Einstieg folgen wir den vielen, vorbildlich angebrachten und teils durch einen Donald Duck gezierten Loipenschildern rechts hinauf auf einen Hügel. Der weitere Verlauf bietet ein abwechslungsreiches Auf und Ab mit vielen kleinen Bögen, sanften Anstiegen und Abfahrten über das Golfplatzgelände. Bei einem Schild »Traubing/Tutzing« lässt sich die Runde links haltend verkürzen, es lohnt aber der Weg rechts Richtung Tutzing. Hier geht es erst durch Waldschneisen, dann hinauf auf einen Hügel mit schönem Blick auf die Alpenketten, vorbei am Parkplatz bei Tutzing (Südeinstieg) und im Bogen wieder zurück zu den Waldschneisen. Danach entfernen wir uns wieder von der Hinloipe, längere leichte Anstiege wechseln mit kurzen Abfahrten. Kurz vor Ende der Loipe wählen wir rechts die schwierige, aber interessante, etwas längere Variante oder laufen gemütlich linker Hand zum Parkplatz.

Die Loipe läuft durch die Wäldchen und Hügel des Golfplatzes.

Pfaffenwinkel

4 Hohenkasten – Obersöchering

Natur pur zwischen Weilheim und Murnau ★

K *In sanften Bögen schwingt diese Loipe mit wenig Steigung durch freie Wiesen und Filze zwischen dem Gasthof Hohenkasten und Obersöchering. Bei ausreichend Schnee spuren die Söcheringer die Loipe verlässlich.*

KURZINFO

Ausgangspunkt: Gastwirtschaft Hohenkasten, Hohenkasten 1, 82390 Eberfing. Anfahrt: A 95 München-Garmisch, Ausfahrt Penzberg/Iffeldorf, über Iffeldorf nach Antdorf, dort rechts Richtung Weilheim/Eberfing abbiegen.
Weiterer Einstieg: Obersöchering. Bei der Variante auch Eberfing (Weidenbachstraße).
Höhenlage: 660 – 680 m.
Steigungen (kumuliert): 40 Hm.
Streckenlänge/Laufstil: 13,4 km (nur Klassisch).
Laufrichtung: Die Loipe wird hin und zurück auf gleicher Strecke gelaufen.
Anforderungen: Sanfte Loipe. Nur am Anfang kurze Abfahrt. Auf den Moorabschnitten kann die Loipe zuweilen durch Eis oder Pappschnee etwas leiden.
Variante: Nur bei guter Schneelage: Von Hohenkasten rechts in die kurze Eberfinger Variante abzweigen. Am Brunnenhäuserl trifft man auf die lange Variante, die man links haltend wieder zurückläuft. Sie trifft auf die Loipe nach Obersöchering, die links nach Hohenkasten zurückführt (7,8 km). Oder vom Brunnenhäuserl noch weiter bis zum Ort Eberfing (dort Einkehr) und auf gleicher Strecke zurück zum Brunnenhäuserl und weiter wie oben (gesamt dann 11,4 km).
Einkehr: Am Anfang und Ende die Gastwirtschaft Mayr in Hohenkasten. Geöffnet feiertags und am Wochenende. Wer an der Variante bis in den Ort Eberfing läuft, findet dort rechts haltend den Gasthof zur Post (Montag Ruhetag, Dienstag nur Abendbetrieb) und links das Gasthaus Waldherr (mittags nur am Sonntag), jeweils ein paar Hundert Meter zu Fuß.
Information: Infos über Loipenzustand bei Herrn Waller, priv. Tel. 08847/554; nur anrufen, wenn die Schneelage im Alpenvorland eine Spurung vermuten lässt!
Tipp/Hinweis: Sparschwein/Spardose am Loipenstart und Wendepunkt für eine kleine Spende an den lokalen Sportverein, der die Loipe präpariert.

Pfaffenwinkel

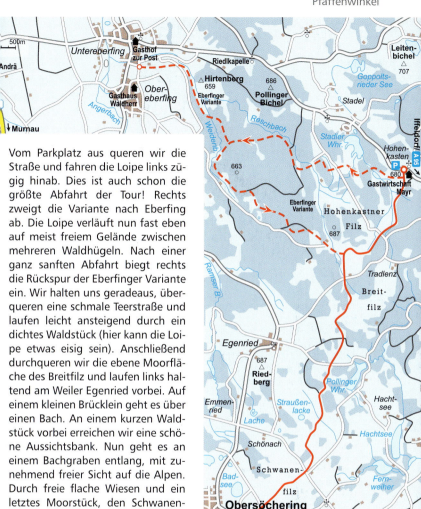

Vom Parkplatz aus queren wir die Straße und fahren die Loipe links zügig hinab. Dies ist auch schon die größte Abfahrt der Tour! Rechts zweigt die Variante nach Eberfing ab. Die Loipe verläuft nun fast eben auf meist freiem Gelände zwischen mehreren Waldhügeln. Nach einer ganz sanften Abfahrt biegt rechts die Rückspur der Eberfinger Variante ein. Wir halten uns geradeaus, überqueren eine schmale Teerstraße und laufen leicht ansteigend durch ein dichtes Waldstück (hier kann die Loipe etwas eisig sein). Anschließend durchqueren wir die ebene Moorfläche des Breitfilz und laufen links haltend am Weiler Egenried vorbei. Auf einem kleinen Brücklein geht es über einen Bach. An einem kurzen Waldstück vorbei erreichen wir eine schöne Aussichtsbank. Nun geht es an einem Bachgraben entlang, mit zunehmend freier Sicht auf die Alpen. Durch freie flache Wiesen und ein letztes Moorstück, den Schwanenfilz, erreichen wir den Ortsrand von Obersöchering. Am Sportheim endet die Loipe.

Auf gleichem Weg laufen wir nach Hohenkasten zurück und erleben so die Landschaft aus neuen Blickwinkeln.

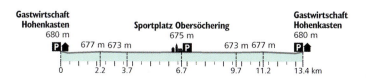

Die Strecke verläuft über mehrere einsame Lichtungen.

Pfaffenwinkel

5 Loipenparadies bei Wildsteig

Hügelige Strecken am Fuße der Hohen Bleick

K
S
Der Namensursprung des Orts, »wilde Steige«, ist Programm für die Loipe. Ausgiebig kostet die hier vorgeschlagene Route die abwechslungsreiche Hügelwelt aus. Die meist wenig frequentierten Loipen führen durch eine häufig schneereiche, von schmucken Weilern und Kapellen gezierte Winterlandschaft. Eine leichte Variante macht einen Besuch in Wildsteig auch für weniger geübte Läufer lohnend.

KURZINFO

Ausgangspunkt: Parkplatz am Sportplatz Wildsteig, Linden 7, 82409 Wildsteig. Über die A95 Richtung Garmisch Ausfahrt Murnau nach Murnau und über Bad Kohlgrub, Saulgrub und Richtung Füssen nach Wildsteig. 500 m westlich des Ortsschildes, direkt bei einer Bushaltestelle und dem Wildsteig-Willkommens-/Abschieds-Schild auf eine kleine Straße südlich abbiegen. Auf dieser ca. 2 km zum Parkplatz am Sportheim.
Weiterer Einstieg: Auf der Straße weiter zum Parkplatz beim Weiler Hausen.
Höhenlage: 870 – 920 m.
Steigungen (kumuliert): 140 Hm.
Streckenlänge/Laufstil: 10,0 km (Klassisch und Skating).
Laufrichtung: Entsprechend Beschreibung, keine Richtungsanzeiger.
Anforderungen: Anspruchsvolle, doch sehr abwechslungsreiche und gut gepflegte Loipe mit vielen, teils steileren Anstiegen und Abfahrten.
Variante: 1) Wer eine kurze, leichte Runde bevorzugt, kann vom Sportheim dem 5-km-Rundkurs über Unterhäusern folgen. 2) Vom Parkplatz in Hausen läuft westwärts ein kurzer Rundkurs und weiter eine einfache 4-km-Tour nach Schildschwaig. Von dieser Tour südlich abzweigend wird in manchen Wintern (aber nur mehr selten) ein Anschluss Richtung Unternogg und Ammertal gespurt.
Sehenswert: Das UNESCO-Weltkulturerbe Wieskirche, nur wenige Kilometer westlich von Wildsteig, Richtung Steingaden.
Hinweis: Für die Loipennutzung ist eine kleine Spende willkommen (Spendenkästchen am Loipenstart).
Einkehr: An der Loipe keine. Von der Zufahrtsstraße an der Kreuzung beim Rückweg rechts in den Ort Wildsteig, bei den nächsten beiden Abzweigungen rechts erreicht man den Gasthof zur Post an der Kirche und das Gasthaus zum Strauss in der Riedstraße.
Information: Tourismus-Information Wildsteig, Tel. 08867/912400, auf der Homepage www.wildsteig.de, Loipeninfo unten links (nicht immer auf den Tag genau aktuell, Nachfragen lohnt!).

Vom Parkplatz aus orientieren wir uns am Loipenschild auf der Terrasse des Sportheims. Dahinter beginnt auf dem Fussballplatz die Loipe. Wir folgen ihr bei der nächsten Abzweigung links (rechts setzt Variante 1 an) und zu einem längeren Aufstieg – Vorsicht Gegenverkehr (!) – an den Abhängen des Eckbergs. Oben empfangen uns ein wunderbarer Panoramablick und eine anschließende längere Abfahrt bis hinunter zur Straße. Wir queren sie

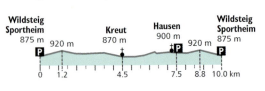

Stiller Genuss auf den Wildsteiger Loipen vor der Kulisse der Hohen Bleick.

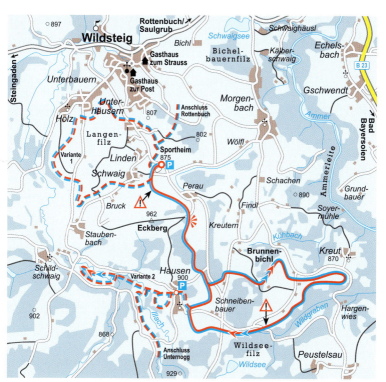

Schmucke Bauernhäuser und Kapellen begleiten die Langläufer in Wildsteig.

und biegen kurz danach bei einer Loipentafel links ab. Die Loipe führt uns nun in leichtem Auf und Ab zu einem kurzen Waldstück. Wir durchqueren dieses ansteigend und gelangen bald zu einer längeren, am Ende kurz steilen Abfahrt hinunter zu den Wiesen beim Weiler Kreut. Im Bogen passieren wir das schmucke Dörfchen rechts haltend und gelangen bald zu mehreren, längeren Anstiegen, denen eine kurze steile (!) Abfahrt folgt. Am Waldrand entlang und schließlich über eine freie Kuppe erreichen wir das Sträßchen vor der Kapelle des Weilers Hausen. (Nach der Kapelle geht es links zum Parkplatz von Hausen, jenseits davon lockt ein kurzer netter Rundkurs als Zugabe sowie die Variante b.) Wir laufen rechts des Parkplatzes weiter und im Bogen zurück zur Loipentafel, bei der wir vorhin abgebogen sind. Wir überqueren geradeaus wieder die Straße und folgen der Hinloipe zurück zum Sportplatz, die in dieser Richtung nochmals einen langen Anstieg und eine flotte, ausgiebige Schlussabfahrt (Achtung, hier möglicherweise Gegenverkehr!) bietet.

Viel Platz für elegante Loipenschleifen.

Pfaffenwinkel

Bad Kohlgruber – Bad Bayersoiener Runde 6

Ruhig, lang und leicht durchs Ammergauer Kurgebiet ★★

Eine ausgiebige Tagestour stellt die Kombination der Rundkurse um die beiden Kurorte am Nordrand der Ammergauer Alpen dar. Wald, Wiesen, Moore, kleine Dörfer und der Bayersoiener See bilden ein beschauliches und ruhiges Ambiente für die meist nur sanft geneigten und gut gepflegten Loipen.

K
S

KURZINFO

Ausgangspunkt: Großer Parkplatz am Wertstoffhof, Kehrerstraße, 82433 Bad Kohlgrub (dorthin siehe Loipe 5, Wildsteig); westlich vom Ortszentrum nordwärts in die St. Rochus-Straße, nach dem Bahnübergang rechts in die Kehrerstraße, danach 300 m zum Wertstoffhof.
Weiterer Einstieg: Von der Bad Kohlgruber Hst. »Kurhaus« der Bahnlinie Murnau – Oberammergau hinauf zur Hauptstraße, links und bald wieder links über die Adele-Gerhard-Straße zum Einstieg. In Bad Bayersoien Richtung See, vor dem Parkhotel links oben der Parkplatz.
Höhenlage: 780 – 850 m.
Steigungen (kumuliert): 180 Hm.
Streckenlänge/Laufstil: 20,0 km (Klassisch und Skating).
Laufrichtung: 1. Teil im Uhrzeigersinn, 2. Teil entgegen dem Uhrzeigersinn.
Orientierung: Gut beschildert.
Anforderungen: Bis auf wenige mäßig steile Ausnahmen bieten die stets gut und meist doppelt gespurten Loipen ein sanftes Auf und Ab.
Varianten: Ab Bad Bayersoien (Parkplatz oberhalb des Sees): 1) Beschränkung auf nördliche Teilrunde (ca. 12 km, orange markiert). 2) Leichter Rundkurs um den See (4 km, blau markiert). 3) Ab Bad Kohlgrub die Kleine Rochusrunde (lila markiert).
Einkehr: In Bad Bayersoien am See Parkhotel, Kurcafé und Fischerhäusl, weitere Einkehrmöglichkeiten in der Dorfstraße, ebenso in Bad Kohlgrub.
Information: Tourismus-Information Bad Kohlgrub, Tel. 08845/74220. Schneebericht für die ganze Region auf www.ammergauer-alpen.de; E-Mail: info@bad-kohlgrub.de.

Höhepunkt der Tour ist die Runde um den Bayersoiener See.

Pfaffenwinkel

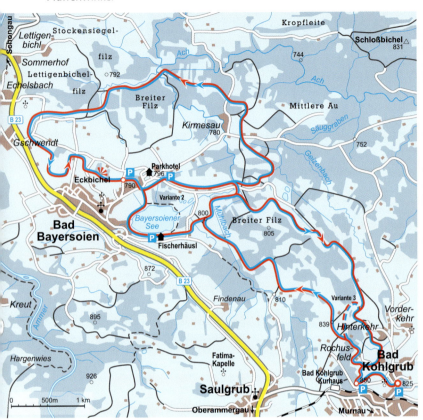

Vom Parkplatz geht es links an einer Langlauf-Hinweistafel vorbei zum Loipeneinstieg auf einem Hügel. Wir passieren eine Kapelle und folgen den Schildern zu den Rochusrunden sowie den grün-lila Stangen, anschließend halb rechts. Im Auf und Ab gleiten wir an einigen Höfen vorbei und erreichen abfahrend ein kurzes Waldstück. Bei einer Verzweigung auf freier Wiese mit schönem Blick auf die Ammergauer Alpen bleiben wir auf der Großen Rochusrunde (mittlerer Kurs mit den grünen Stangen) und laufen abwärts Richtung Bad Bayersoien. Durch die Wald- und Moorlandschaft (»Breiter Filz«) erreichen wir eine weitere Verzweigung, halten uns erst rechts und folgen dann bei der Tafel »Rundkurs Kirmesau« der Loipe nach links. Wir durchqueren nun kilometerlang abwechselnd ruhige, sonnige Wiesen und winterliche Waldsenken sowie das Dörfchen Kirmesau. Kurz nähern wir uns der Bundesstraße bei Echelsbach und gleiten anschließend über die sanften Hügel nach Bad Bayersoien. Jenseits der Straßen am Parkhotel folgen wir der Loipe rechts haltend am kleinen Bayersoiener See entlang, anschließend über eine kleine Straße und Brücke. Das Schild »Bad Kohlgrub«, das uns den Hinweg rechter Hand anzeigt, ignorieren wir, und folgen erst ein Stück später dem Schild »Bad Kohlgrub Rundkurs« nach rechts (an dieser Stelle sind

Pfaffenwinkel

Die Ammergauer Alpen bilden eine reizvolle Kulisse.

wir vorhin links Richtung Kirmesau abgebogen). Wieder laufen wir durch ruhige Wald- und Wiesenlandschaften, zuletzt längere Zeit leicht ansteigend bis zu den ersten Häusern von Bad Kohlgrub. Wir gleiten abwärts, dann wieder hinauf in den Ort. Rechts geht es zur Hinloipe. Dieser aber folgen wir nicht weiter rechts, sondern bleiben geradeaus bzw. halb links (Schilder Rückloipe) und laufen in einem Bogen links zurück. Nahe der Kirche erreichen wir wieder die Hinloipe und folgen ihr zum Parkplatz zurück.
Für ÖPNV-Reisende: Vor Wiedererreichen der Hinloipe an der Kirche rechts halten und aufsteigend zurück zum Einstieg an der Adele-Gerhard-Straße.

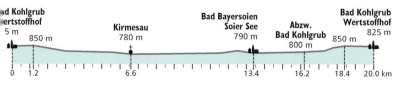

Ammergauer Alpen

7 Oberammergau – Ettaler Mühle

Die leichte Hausloipe des Passionsspielorts

K
S
Auch für Anfänger eignet sich die fast ebene Weidmoosrunde südlich von Oberammergau. Felszacken wie den Kofel haben wir bei dieser Tour ebenso vor Augen wie den Fluss der Ammer und seine beschaulichen Nebenbächlein. Nur wenig anspruchsvoller ist die lohnende Verlängerung der Tour zum Barockkloster Ettal.

KURZINFO

Ausgangspunkt: 82487 Oberammergau, Parkplätze Eugen-Papst-Straße oder Malensteinweg. Zufahrt über Bad Kohlgrub zur nördlichen Ortseinfahrt, weiter über die Bahnhofstraße und vor der Fußgängerzone rechts in die Eugen-Papst-Straße (jenseits der Ammerbrücke der Malensteinweg). Alternativ über Oberau und Ettal zur südlichen Ortseinfahrt und weiter über die Ettaler Straße und König-Ludwig-Straße. Vom Bahnhof Oberammergau (Bahnlinie ab Murnau) Richtung Ort, vor der Ammerbrücke rechts und am Ufer entlang zur Loipe.
Weiterer Einstieg: Ettaler Mühle.
Höhenlage: 840 – 850 m (mit Variante bis 880 m).
Steigungen (kumuliert): 30 Hm.
Streckenlänge/Laufstil: 6,5 km (Klassisch und Skating.
Laufrichtung: Nicht vorgegeben, leider kaum Anzeiger.
Anforderungen: Die Loipe ist nahezu eben und gut für Anfänger geeignet. Lediglich zu Beginn am Fluss kann es kurz abschüssig sein (umgehbar).
Variante: Ettaler Runde (3,9 km, besonders schneesicher, etwas anspruchsvoller): Von der Ettaler Mühle links nach Ettal, von der Rückloipe am Bergfuß bei der Ettaler Mühle wieder rechts über die Straße.
Sehenswert: Oberammergau mit Schnitzschulen, Museum und Passionsspielhaus. An der Variante lohnt ein Blick ins Kloster Ettal und seine Kirche.
Einkehr: Empfehlenswert ist die Ettaler Mühle in der Tourenmitte. In Oberammergau verschiedene Einkehrmöglichkeiten, direkt am Ausgangspunkt am Sportzentrum auch Einkehr möglich.
Information: Schneebericht auf www.ammergauer-alpen.de, Schneetelefon 08822/935126, Tourismusstelle: 08822/922740.

Zwischen Oberammergau und Ettaler Mühle: Blick auf die Falkenwand.

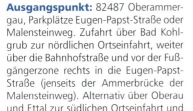

Jenseits der Brücke (Richtung Tennisplatz) beginnt zwischen dem Malensteinweg und dem rechten Ammerufer die Loipe. Der erste Teil ist etwas abschüssig am Flussufer und kann auf dem Fußweg rechts umgangen werden. Unter der großen Brücke steigt die Loipe kurz an und führt uns dann leicht und eben am Fluss entlang. Wo das benachbarte Teersträßchen rechts abbiegt, bleiben wir links auf der Loipe am Ammerufer. Weiter laufen wir

Die Variante führt am Barockkloster Ettal vorbei.

fast eben dahin, bis wir eine Loipenverzweigung an einer Brücke erreichen. Wir laufen links über die Brücke und gelangen rasch zur Ettaler Mühle. Von dort laufen wir zurück zur Brücke und folgen nach ihr der Loipe, die halb rechts in Richtung der markanten Felsen an der Falkenwand führt (ganz rechts verläuft die Hinloipe, nach links geht es Richtung Graswang und Linderhof. Zu Zeiten des König-Ludwig-Laufs kann man auch der Linderhofloipe ein kurzes Stück folgen und beim nächsten Parkplatz rechts einer Loipe entlang eines Teersträßchens laufen). Die Rückloipe führt uns durch das Weidmoos und bald erreichen wir wieder die Hinloipe an der Ammer. Auf dieser fahren wir unter der Brücke hindurch und am Flussufer entlang zum Ausgangspunkt.

Ammergauer Alpen

8 König-Ludwig-Loipe nach Linderhof

Herzstück der berühmten Königsloipe im Graswangtal ★★★

K
S
NC

Alljährlich im Februar starten rund 3000 Teilnehmer zum König-Ludwig-Lauf in Oberammergau. Ein Großteil dieser legendären Loipe lohnt sich für konditionsstarke Langläufer auch als Tagestour von der Ettaler Mühle bis Schloss Linderhof und zurück. Die traumhafte Kulisse des Graswangtals und ein Schlossbesuch am Wendepunkt sind besondere Schmankerl.

KURZINFO

Ausgangspunkt: 82488 Ettal, Parkplatz Ettaler Mühle. Anfahrt über die A95 Richtung Garmisch, nach dem Autobahnende bis Oberau, dort rechts über Ettal auf die Straße nach Linderhof/Plansee. Kurz nach der Abzweigung ist rechts der Parkplatz. Bushaltestellen in Ettal, Graswang, Linderhof; nächster Bahnhof in Oberammergau (von dort jeweils Zufahrt über die Ettaler oder Weidmoosloipe (s. Loipe 7) möglich, aber zusätzlich ca. 4 – 6 km hin und zurück).

Weitere Einstiege: In Graswang sowie bei Linderhof.
Höhenlage: 840 – 940 m.
Steigungen (kumuliert): 150 Hm.
Streckenlänge/Laufstil: 20,5 km (Klassisch und Skating).
Laufrichtung: Im Uhrzeigersinn. Zwischen Graswang und Linderhof sind Hin- und Rückloipe identisch.
Orientierung: Durchgängig gute Beschilderung.
Anforderungen: Überwiegend nur sanft geneigt, aber lang und konditionell fordernd. Einige waldige Passagen sind etwas kurvig und können vereist sein.

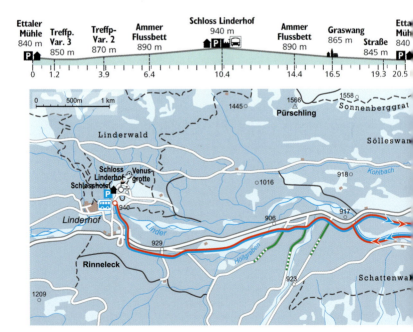

Varianten: 1) Wer sich auf die Graswangloipe beschränkt, hat eine schöne 12,5 km lange Runde, allerdings ohne Schlossbesuch.
2) Dickelschwaigrunde, ein leichter 3-km-Rundkurs südlich von Graswang. 3) Schwächere Läufer können vom Parkplatz direkt über die Brücke auf einem Teil der Rückloipe nach Westen bis zur nächsten Brücke und danach links zur Straße fahren. Jenseits der Straße nicht gleich rechts, sondern durch das Flussbett und oberhalb rechts auf die offizielle, nun leichtere Hinloipe.
Nordic Cruising: Die Forststraßen zwischen Graswang und Linderhof Richtung Süden bieten Möglichkeiten zum Cruisen; mit Karte bzw. GPS (guter Orientierungssinn wichtig!)
Sehenswert: Schloss Linderhof, im Winter innen geöffnet (ohne Bauten im Park), 16. Okt. – März täglich 10-16 Uhr (Sommer 9-18 Uhr), bis auf 1. Januar, Faschingsdienstag, 24., 25. und 31. Dezember. Tel. 08822/92030, www.schlosslinderhof.de, E-Mail: sgvlinderhof@bsv.bayern.de.
Einkehr: Am Ausgangspunkt die Ettaler Mühle. Im Dorfzentrum von Graswang das Gasthaus zum Fischerwirt, am Ortsausgang Richtung Linderhof die Gröbl-Alm. Am Schlossparkplatz Linderhof das Schlosshotel mit Restaurant.
Information: Schneetelefon 08822/935126, Tourismusstelle: 08822/922740. Schneebericht für die ganze Region direkt auf www.ammergauer-alpen.de.

Das Märchenschloss von König Ludwig II. in Linderhof ist innen auch im Winter zugänglich.

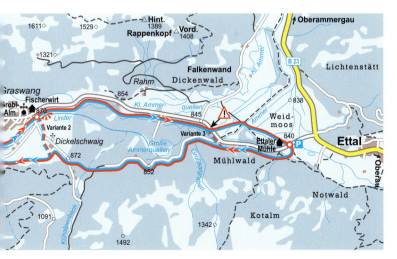

Das Dorf Graswang auf halber Strecke nach Linderhof.

Vom Parkplatz an der Ettaler Mühle überqueren wir die Straße. Auf der anderen Seite folgen wir der Loipe rechts hinauf (Schild »Graswangrunde«). Nach einem längeren mäßig steilen Anstieg geht es im Wald einige Zeit mit leichten Kurven bergab. Bei einer Verzweigung (rechts unterhalb die Straße) bleiben wir geradeaus auf der Graswangrunde und gleiten schließlich sanft zum Plateau von Graswang hinunter, wo wir einen wunderbaren Blick über das Tal im Herzen der Ammergauer Alpen genießen. Wir bleiben links und passieren das Dorf Graswang leicht oberhalb. Bei einer Verzweigung (rechts die Dickelschwaigrunde) folgen wir der Graswangrunde links. Durch lichte und waldige Passagen erreichen wir eine weitere Verzweigung. Rechts führt die Graswangrunde zur Ettaler Mühle zurück. Wir folgen der Verbindungsloipe nach Linderhof links, durchqueren bergab und bergauf das Flussbett und laufen dann, kurz in Straßennähe, links in den Wald.

Es folgen abwechselnd waldige und freie Passagen, stets leicht steigend, bis wir wieder eine Straßenquerung erreichen. Die Loipe jenseits führt in ca. 1 km zum Parkplatz beim Schloss Linderhof. Wer das Schloss nicht besuchen möchte, kann bereits hier wenden und läuft auf der Hinloipe zurück bis zur Brücke am Straßenrand. Hier geht es rechts steil abwärts in das Flussbett und an der folgenden Verzweigung links (Schild Graswangrunde). In Nähe der Straße gleiten wir nun sanft auf Graswang zu und direkt an dem schmucken Dörfchen mit seiner spitztürmigen Kirche vorbei. Wir bleiben nun weiter in Straßennähe und laufen eben dahin, ehe wir links des Flussbetts eine Verzweigung erreichen. Hier überqueren wir links die Autostraße und laufen zu einer Brücke. Das Graswangrunde-Schild schickt uns rechts über die Brücke und eben bis zur Ettaler Mühle.

Außerfern

Ehrwalder Zugspitz-Arena-Loipe

9

Auf der Sonnenseite der Zugspitze

★★

Im Ehrwalder Talbecken grüßen Berge von allen Seiten – am mächtigsten das Zugspitzmassiv und die Sonnenspitze. Kaum ein Wald versperrt die tolle Sicht, und die neu beschilderte »Zugspitz-Arena-Loipe« kann in der Vollversion einen ganzen Tag ausfüllen. Wir schlagen hier den leichten, kürzeren Abschnitt vor, bei dem auch Anfänger auf ihre Kosten kommen und Fortgeschrittene verschiedene Varianten »draufpacken« können.

K
S

KURZINFO

Ausgangspunkt: A-6632 Ehrwald in Tirol, Parkplatz am Familienbad, Hauptstr. 21. Zufahrt über Garmisch-Partenkirchen Richtung Reutte/Fernpass und nach Ehrwald. An der Hauptstraße ist bald rechts der Parkplatz am Zugspitzsaal und Hallenbad.
Weitere Einstiege: In Biberwier und Lermoos, sowie am Ortseingang von Ehrwald unterhalb der Tankstelle (dorthin schneller Zugang vom Bhf. Ehrwald).
Höhenlage: 965 – 970 m.
Steigungen (kumuliert): 15 Hm.
Streckenlänge/Laufstil: 11,0 km (Klassisch und Skating).
Laufrichtung: Im Uhrzeigersinn.
Orientierung: Die Zugspitz-Arena-Loipe hat eigene kleine rote Schilder.
Anforderungen: Die Loipe stellt keinerlei Anforderungen und weist nur sehr wenig Höhenunterschied auf.
Varianten: 1) Von der Brücke mit Via-Claudia-Schild links, erreicht man die Straße. Gegenüber liegt rechts haltend ein netter, mittelschwerer Rundkurs (Sonnenspitzloipe, ca. 2 km, beim zweiten Wendepunkt vor einem steilen Waldanstieg zurücklaufen)..
2) An der Straße bei Lermoos schließt links die mittelschwere, sehr lohnende Vollversion der Zugspitz-Arena-Loipe über Lähn und Bichlbach bis Heiterwang an. Mit ihr lässt sich die Tour auf bis zu 42 km verlängern. 3) Eine schöne, anfangs schwierige Tour bietet die 6 km lange Zugspitzloipe. Erreichbar von der Tankstelle über die Zugspitzstraße beim Camping Dr. Lauth.
Tipp: In der Nähe des Ausgangspunktes das Familienbad Ehrwald (www.familienbad.at).
Einkehr: Im Ort Ehrwald am Ausgangspunkt. Während der Tour beim zweiten Abstecher links in Lermoos Hotels und Restaurants.
Information: Aktueller Wintersportbericht auf www.zugspitzarena.com (unter »Service«), Tel. +43/(0)5673/20000.

Blick von der Zugspitz-Arena-Loipe auf Wetterstein (links) und Mieminger Kette (rechts).

Außerfern

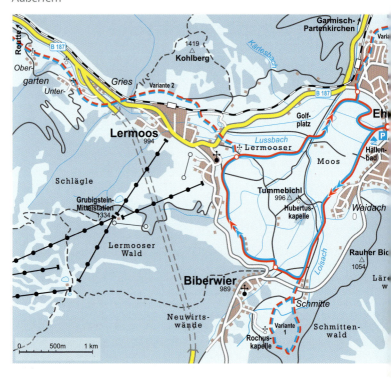

Unterhalb des Parkplatzes steigen wir links in die Loipe ein. Wir folgen den roten Schildern der Zugspitz-Arena-Loipe erst sanft ansteigend, dann ganz leicht abfallend. Bei einer Verzweigung vor dem Fluss laufen wir links. Bevor sich die Loipe wieder vom Fluss entfernt, überqueren wir die zweite Brücke rechts (am Brückengeländer links ein Arena-Loipe-Schild). Nun geht es links nahezu eben an der Loipe »Via Claudia« entlang. Wir folgen der Spur nun ohne abzubiegen weiter (links bald eine Abzweigung mit Via-Claudia-Schild über ein Brücklein zur Variante 1).

Vor den Häusern von Biberwier geht es rechts haltend über eine Brücke, dann im Bogen unterhalb von Biberwier weiter bis an den Hangfuß. Die Loipe fällt nun ganz leicht ab und nähert sich dem Ortsrand von Lermoos (mehrere Abzweigungen nach links in den Ort). In Straßennähe zweigt links die lange Version der Arena-Loipe ab (siehe Variante 2). Wir halten uns auf der Spur rechts, biegen bei einer Verzweigung links ab (rechts die Tummebichlloipe). Bald danach geht es rechts über den Fluss, dahinter links ab und unterhalb von Straße und Tankstelle im Rechtsbogen Richtung Ehrwald. Nochmals folgen einige Kurven (bei einer Verzweigung an einem Stadel rechts halten) ehe wir wieder den Ausgangspunkt erreichen.

Ehrwald	Biberwier	Lermoos	Ehrwald
965 m	965 m	965 m	965 m
0	3.4	5.1	11.0 km

Unter den Westflanken des Zugspitzmassivs.

Außerfern

Außerfern/Leutasch

10 Von Ehrwald durchs Gaistal in die Leutasch

Im Hochtal Ganghofers

NC *Weit und breit einmalig ist die nicht offiziell gespurte, aber häufig eingefahrene Loipe im winterlich einsamen Gaistal, das Ehrwald mit der Leutasch verbindet. Die felsige Kulisse des Wettersteins und der Mieminger Kette bietet ein atemberaubendes Bild und das ehemalige Jagdhaus des Schriftstellers Ludwig Ganghofer ein geschichtsträchtiges Etappenziel. Die Loipe beginnt mithilfe einer Seilbahn auf rund 1600 Metern Höhe. Von dort kann man sie über weite Strecken bergab fahren. Preis dafür ist eine verkehrstechnisch etwas aufwendige Rückkehr zum Ausgangspunkt.*

Ausgangspunkt: A-6632 Ehrwald in Tirol, Parkplatz an der Ehrwalder Almbahn, Doktor-Ludwig-Ganghofer-Straße 66; in Ehrwald (Anfahrt siehe Loipe 9) den gelben Schildern zur Ehrwalder Almbahn folgen und mit der Bahn hinauf zur Bergstation. Vom Ehrwalder Bahnhof Busse zur Ehrwalder Almbahn.
Endpunkt: Oberleutasch. Von Leutasch Klamm Busverbindung nach Seefeld.
Empfehlung: In Garmisch-Partenkirchen parken (oder besser gleich mit dem Zug dorthin fahren) und mit der Bahn nach Ehrwald. Rückkehr von Leutasch über Seefeld (Bus) und mit der Bahn nach Garmisch. Wer mit der Bahn ab München fährt, braucht nur bei der Hinfahrt in Garmisch nach Ehrwald umsteigen und fährt bei der Rückfahrt ab Seefeld direkt nach München.
Höhenlage: 1150 – 1600 m.
Steigungen (kumuliert): Aufwärts 160 Hm, abwärts 500 Hm.
Streckenlänge/Laufstil: 15,0 km. Davon 4 km maschinell gespurt für Klassik und Skating, dann 11 km Naturloipe und schneebedeckte Bergstraße.
Orientierung: Im gespurten Teil rote Holzpfosten, danach gibt der talausführende Almfahrweg die Richtung vor.
Anforderungen: Die Tour erfordert geübte Langläufer, die mit Steilstücken

Außerfern/Leutasch

und nie sicher vorhersagbaren Geländebedingungen zurechtkommen und in der Lage sind, selbst zu spuren oder auf schneebedeckten oder eisigen Wegen zu fahren. Kondition erforderlich!

Varianten: 1) Die offiziell gespurte Ganghofer-Höhenloipe führt ab der Verzweigung rechts in zusätzlichen ca. 4 km hin und zurück zum Talblick (klassisch und Skating). Wer nur diese offiziell gespurte (und meist auch in schneearmen Zeiten mögliche) Höhenloipe begehen will, hat insgesamt rund 8 km und kann mit der Ehrwalder Almbahn wieder ins Tal zurückfahren. 2) Ca. 10-minütige kurze Umrundung des Igelsees. 3) Verlängerung der Tour über die Leutascher Loipen und evtl. Übernachtung.

Am Igelsee unter der Hochwand ist die Loipe noch regulär gespurt.

Nordic Cruising: Sofern nicht schon eingefahren, ist die Tour im Gaistal selbst eine Nordic-Cruising-Tour. Ansonsten können weitere Spuren selbst gezogen werden.

Hinweise: Ein früher Start oder eine Übernachtung in Leutasch ist unbedingt empfehlenswert (die Ehrwalder Almbahn fährt ab 8.30 Uhr). Bei der Ehrwalder Almbahn oder in der Gaistalalm darüber hinaus über Lawinenlage, mögliche Sperrungen und Schneelage informieren! Im Frühjahr kann es im unteren Teil bis Leutasch aper werden, was längeres Skitragen nötig werden lassen kann!

Einkehr: Am Start im Gasthof Ehrwalder Alm, Tirolerhaus und Berggasthof Alpenglühn. Während der Tour in der Gaistalalm (meist von Weihnachten bis März, Tel. +43/(0)5214/5190) und am Ende in der Leutasch.

Information: Aktueller Wintersportbericht auf www.zugspitzarena.com unter »Service«, Tel. +43/(0)5673/20000. Ehrwalder Almbahn, Tel. +43/(0)5673/2468, www.ehrwalderalmbahn.at.

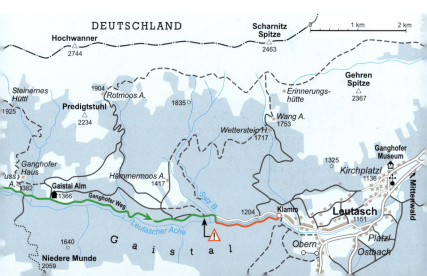

Außerfern/Leutasch

Nachdem wir die Bergbahn verlassen haben, schicken uns Schilder zur »Ganghofer-Hochloipe« über die Piste (vorsichtig queren!). Gegenüber führt uns die Loipe am Waldrand hinauf zum Berggasthaus Alpenglühen. Hier verlassen wir das Skigebiet und folgen der Spur weiter auf einer Forststraße, die in Kehren aufwärtsführt. Vom höchsten Punkt geht es kurz bergab, dann verzweigt sich die Loipe. Rechts können wir dem weiteren Verlauf der Ganghofer-Hochloipe

Wildromantisch und hochalpin: die Naturloipe im Gaistal, überragt von der Mieminger Kette.

zum Talblick folgen (Variante 1). Links abwärts fahren wir, noch immer auf maschineller Spur, hinein ins wunderschöne Gaistal. Nach einer zügigen Abfahrt passieren wir den Igelsee, vor uns die gewaltige Felskante der Mieminger Hochwand. Kurz nach einer Liftstation endet die maschinelle Spur. Falls der anschließende Skiwanderweg nicht schon durch andere vorgespurt ist, heißt es eine eigene Spur ziehen – jedoch immer links des Gaistalbaches! In Nähe des ehemaligen Ganghofer-Jagdhauses (im Sommer wie Winter nicht öffentlich zugänglich) und der im Winter unbewirtschafteten Tillfussalm gelangen wir auf einen meist geräumten Almweg, auf dessen Schneeschicht (oder daneben) wir laufen und gleiten. Nach der bewirtschafteten Gaistalalm folgt später ein kurzer Anstieg. Bei der anschließenden Abfahrt müssen wir auf Gegenverkehr achten. Gut 50 Meter vor dem Parkplatz Salzbach (WC-Anlage) zweigt rechts ein Forstweg ab, den wir nicht verpassen dürfen. Wir gelangen auf ihm nun auf die rechte Seite der Leutascher Ache und finden häufig bald eine offizielle Loipe vor. Am Parkplatz Stupfer vorbei geht es bis zu einer Holzbrücke vor einer Felsenschlucht, und mittels eines Fahrweges in den Leutascher Ortsteil Klamm.

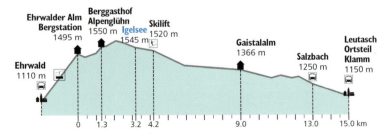

Leutasch/Seefeld

Von Gasse bis Obern durch die Leutasch

Im schneesicheren Tiroler Langläuferparadies ★★★

Die schneesichere »Olympiaregion« Seefeld knapp hinter der Tiroler Grenze bildet mit rund 279 Loipenkilometern eine der Top-Langlaufregionen in den gesamten Alpen. Besonders im sanft ansteigenden Leutaschtal finden sich zahlreiche leichte Genussloipen und mittelschwere Varianten.

K
S

KURZINFO

Ausgangspunkt: A-6105 Leutasch in Tirol, Langlauf-Parkplatz, Leutasch-Gasse. Anfahrt über Mittenwald in die Leutasch. Nach ca. 10 km im Ortsteil Gasse links Richtung Weidach, nach der Kreuzung gleich auf der linken Seite großer Langlauf-Parkplatz; Straßenverbindung auch mit Seefeld. Busverbindungen unter www.seefeld.com.
Weiterer Einstieg: Beim Fußballplatz in Oberweidach (Parkplatz).
Höhenlage: 1110 – 1170 m (die Varianten führen bis über 1200 m).
Steigungen (kumuliert): 70 Hm.
Streckenlänge/Laufstil: 11,0 km (Klassisch und Skating).
Laufrichtung: Die Rundkurse sind entgegen dem Uhrzeigersinn markiert.
Orientierung: Markierung vorbildlich mit blauen, roten oder schwarzen Tafeln (je nach Schwierigkeitsgrad der Loipe).
Anforderungen: Leichte Genussloipen mit nur sehr sanften Steigungen. In jeder Laufrichtung gut präparierte Doppelspuren und Skating-Spur.
Hinweis: Die Loipen sind kostenpflichtig (s. Tour 12). Kassierer stehen an den Loipen, man braucht also keine Loipenkarte vorab zu lösen!
Varianten: Bei der Rückrunde über A6 Alpenbad zweigt in Ostbach die Waldloipe (B11) ab. Sie stellt eine ruhige interessante Alternative dar und kommt später wieder mit der Alpenbad-Loipe zusammen (ca. 3 km und 35 Höhenmeter Zugabe). Zwei mittelschwere, aber nur klassisch gespurte Rund-Varianten zweigen von der Loipe A5 Obern ab: die 2,4-km-Runde Panorama (B7) mit schönen Ausblicken und kurzen Abfahrten (40 Höhenmeter) und die 6,5-km-Runde Katzenloch (B5) mit größeren Anstiegen und Abfahrten durch Wald (110 Höhenmeter). Weitere Varianten: die mittelschwere 10,3-km-Loipe Plaik (B8) ab Fußballplatz, Weidach. Über die Fortsetzung der A7 (nahe Parkplatz Gasse) und anschließende A9 Unterleutasch ließen sich weitere gut 18 leichte Kilometer innerhalb des Leutaschtals sammeln!
Einkehr: Einkehrmöglichkeiten am Ausgangspunkt Leutasch-Gasse, im Ortsteil Obern sowie an den Jausenstationen entlang der Loipen.
Information: Aktueller Schneebericht auf www.seefeld.com oder unter Tel. 0043/(0)50880-0.

Vorbildlich: Langlauf-Unterführungen machen Straßenüberquerungen überflüssig.

Leutasch/Seefeld

Vom Parkplatz folgen wir direkt der Loipe »A7 Gasse« in Laufrichtung Westen (rechts). Nach einem kleinen Rechts-Links-Bogen nähern wir uns der Straße. Wir verlassen nun die Loipe A7 durch die Unterführung geradeaus. Die Loipe »A6 Alpenbad« führt uns anschließend nach rechts, noch kurz an der Straße entlang, dann in den Wald, auf einer Brücke über die Leutascher Ache und am Bach entlang. Weiter geht es nur ganz leicht ansteigend über freie Wiesen und an einigen Baumgruppen und Häusern vorbei, immer mit schönen Ausblicken auf das Wettersteingebirge rechts und die mächtige Hohe Munde vor uns. Vor einer Loipenunterführung macht die Loipe A6 im Linksbogen kehrt. Wir aber halten uns rechts, durch die Unterführung und folgen der Loipe »A5 Obern«. Die führt zunächst wieder über freie Wiesen, dann rechts haltend zwischen Häusern in den Leutascher Ortsteil Obern mit seiner hübschen Kapelle. Hier macht die Loipe kehrt (kurz danach Abzwei-

Sonnig verlaufen die Leutascher Loipen zu Füßen der Hohen Munde.

Leutasch/Seefeld

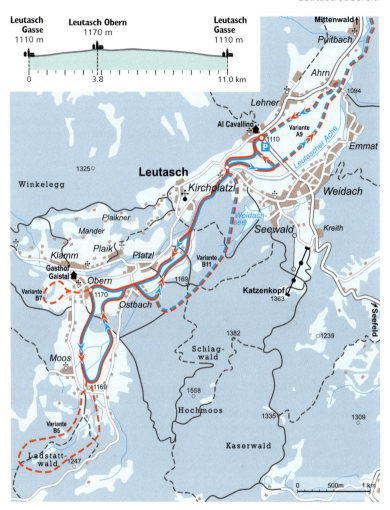

gung zur Variante B7) und führt sanft ansteigend nach Süden, der Blick schweift nun bis zu den Zentralalpen. Vor einem großen Parkplatz (Abzweigung zur Variante B5) laufen wir links herum, wieder sanft abwärts. Nach einem kleinen Links-Rechts-Bogen erreichen wir wieder die Unterführung. Durch diese verlassen wir die Loipe A5 nach rechts und erreichen die Kehre der Loipe A6, deren rechten Teil wir zurück bis zum Bach und zur Straße folgen (zwischendurch Abzweigung zur Variante B11). Nach dem Waldstück am Bach endet die Loipe A5, wir folgen der Unterführung nach links und erreichen die Loipe »A7 Gasse«. Ihre rechte Spur führt uns ein Stück an der Straße entlang, dann zweigen wir vor der nächsten Unterführung links ab auf eine Zubringerspur, die uns zurück zu unserem Ausgangspunkt, dem Parkplatz, führt.

Leutasch/Seefeld

12 Olympische Strecken bei Seefeld

Weltberühmte Loipen auf schneesicherer Höhe

K
S

Weltmeister und Olympiasieger fuhren schon auf Seefelds Loipen. Für erfahrene, standfeste und konditionell fitte Läufer(innen) sind die »schwarz« eingestuften Routen in Tirols Langlaufmekka eine wahre Freude. Wehe den Ungeübten – doch die finden ja im Nachbartal der Leutasch perfekte Möglichkeiten.

Ausgangspunkt: A-6100 Seefeld in Tirol, Loipenstart am Seekirchl. Parkgarage P12 am Olympia Sport- und Kongresszentrum, Klosterstraße 600, oder Parkplätze P13-14 sowie P16 an der Möserer Straße. Zufahrt von der Abfahrt Seefeld-Mitte an der Straße Garmisch – Mittenwald – Innsbruck über Andreas-Hofer-Str. und Olympiastraße. Guter Zugang vom Bahnhof Seefeld.
Weiterer Einstieg: Gasthof Neuleutasch an der Straße Seefeld – Leutasch.
Höhenlage: 1200 – 1350 m.
Steigungen (kumuliert): 400 Hm.
Streckenlänge/Laufstil: 22,0 km (Klassisch und Skating).
Laufrichtung: Perfekt ausgeschildert.
Orientierung: Die Loipenmarkierung ist vorbildlich mit zahlreichen blauen, roten oder schwarzen Tafeln (je nach Schwierigkeit der Loipe).
Hinweis: In der Region Seefeld – Leutasch sind die Loipen kostenpflichtig: Tageskarte 9 Euro (Übernachtungsgäste 3 Euro, Saisonkarten möglich, Stand Oktober 2013). Kassierer stehen an verschiedenen Loipenabschnitten, Tagesgäste brauchen keine Karte vorab zu lösen!
Anforderungen: Lange Anstiege und rassige Abfahrten erfordern Übung und Kondition. Dazwischen gibt es wenige leichte Abschnitte. Besonders bei Vereisung oder nach Regen/Tauwetter ist bei manchen Abfahrten besondere Vorsicht angebracht!
Varianten: 1) Verkürzung der Runde: Deutlich weniger anstrengend und 5 km kürzer wird die Runde, wenn man auf die C5 Neuleutasch verzichtet. Man fährt dann nach der B3 über die A3 und diese komplett zurück wieder zur C2-Rückspur nach Seefeld. Man kann auch die B3 auslassen und die Tour um 6 km verkürzen (bei der Wildmoosalm dann direkt über die A3 zur C3). 2) Varianten entlang der Tour: Schwierige Varianten (nur Klassisch) zweigen ab: C4 (Katzenkopf) von der C3, C6 (Variante Wildmoos) von der B3. 3) Mittelschwere Touren vom Ausgangspunkt: Wer eine leichtere Alternativtour bevorzugt, auf den warten vom Seekirchl aus die Loipen B2 (Auland, nur Klassisch) und B10 Möserer See (Klassisch und Skating).
Einkehr: Entlang der Loipe: Nach 4,5 km, 10,5 km und 17 km passiert man die Wildmoosalm, nach 5,5 km und 9,5 km das Ferienheim Wildmoos, nach 7,5 km die Lottenseehütte, nach 14 km den Gasthof Neuleutasch.
Information: Tagesaktuelle Loipenbedingungen und Karte aller Loipenvarianten auf www.seefeld.com/langlauf, Tel. +43/(0)50880-50.

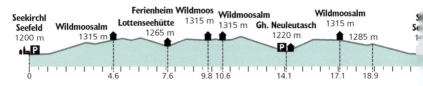

Leutasch/Seefeld

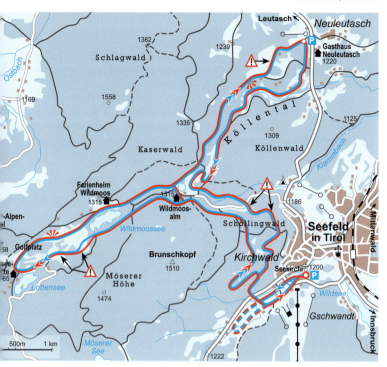

Vom Seekirchl folgen wir der Loipe A1 (Nachtloipe) erst eben durch eine Unterführung, dann leicht ansteigend an den Skisprungschanzen vorbei. Kurz nachdem der Hügel in eine leichte Abfahrt übergeht, fahren wir nach rechts, die Rückloipe der A1 kreuzend, auf die schwarze Loipe C2 (Wildmoos) (man kann auch den Rundkurs A1 einen weiteren Kilometer vollenden und dann von der Rückloipe abzweigen).

Die C2 führt leicht hinauf zur Straße, durch eine Unterführung und anschließend in langen, teils steilen Serpentinen bergauf. Es folgen kurze Abfahrten bis hinunter zur Wildmoosalm. Bei der Loipentafel folgen wir geradeaus der Loipe B3 (Lotten-

Nach dem langen und anstrengenden Waldaufstieg von Neuleutasch grüßt die Sonne von der Hochebene.

see). Durch den Wald geht es hinab zur Senke des Wildmoossees (rechts das Ferienheim Wildmoos). Es folgt für die Klassischläufer ein Auf und Ab durch den Wald, dann eine Abfahrt, die am Ende schnell in die Skatingloipe einmündet (!). Daran schließt eine schnelle Abfahrt (!) bis hinab zur Lottenseehütte an. Zurück folgen ein langer Aufstieg auf eine lichte, aussichtsreiche Anhöhe, dann eine Abfahrt zum Ferienheim und ein weiterer Aufstieg durch den Wald. Wieder bei der Wildmoosalm (rechter Hand) angekommen, biegen wir gleich links in die Loipe A3 (Torfstich) ein. Die führt nahezu eben zur Abzweigung der C3 (Neuleutasch) nach links.

Die C3 hat es in sich. Zunächst geht es noch leicht ansteigend in den Wald, dann folgen im freien Gelände mit tollem Panoramablick schnelle Abfahrten. Vor allem die letzte, in der Nähe des Schlepplifts, kann in glattem Zustand

Leutasch/Seefeld

Start und Ziel beim Loipenzentrum am Seekirchl vor der Karwendelkulisse.

sehr schnell werden (!). Die Spur wendet sich rechts, leicht abfallend an der Straße (hier der Gasthof Neuleutasch) entlang, ehe ein langer, kräftezehrender Aufstieg durch den Wald erfolgt. Oben, im ebenen freien Gelände gelangen wir wieder zur Loipe A3, die in einer Schleife leicht zurück zur Wildmoosalm führt. Noch vor der Hütte biegen wir links in die Rückloipe der C2 nach Seefeld ein. Die letzten Kilometer schenken uns noch eine Reihe rassiger Abfahrten (!), die allerdings noch von einigen Gegenanstiegen unterbrochen werden. Am Ende durchfahren wir wieder die Straßenunterführung und gelangen links haltend auf der Loipe A1 über den kleinen Hügel zurück zum Ausgangspunkt.

Werdenfelser Land

13 Mittenwald – Riedboden

Sanfte Wiesen unter steilen Karwendelwänden

K
S
Die Mittenwalder Loipe ist im Hochwinter teils recht schattig und dennoch nicht ganz so schneesicher wie die berühmten Nachbarloipen. Dafür bietet sie einen sehr übersichtlichen, abwechslungsreichen und leichten Rundkurs direkt unter den himmelstrebenden Wänden der Karwendel-Nordkette.

KURZINFO

Ausgangspunkt: 82481 Mittenwald, Sportanlage Riedboden, Riedboden 3. Am südlichen Ortsrand über die Isarbrücke zum Riedboden (Schild Sportgelände/Loipe).
Vom Bhf. Mittenwald ca. 1,5 km, vom Bhf. Scharnitz 1 km zu Fuß.
Höhenlage: 920 – 950 m.
Steigungen (kumuliert): 40 Hm.
Streckenlänge/Laufstil: 8,0 km Klassisch, 6,0 km Skating.
Laufrichtung: Entgegen dem Uhrzeigersinn.
Orientierung: Eindeutig markiert durch Schilder und Pfeile.
Anforderungen: Die Loipe ist sehr sanft geneigt und weist kaum nennenswerte Anstiege und Abfahrten auf (die letzte Schleife der 8-km-Runde ist dabei ein ganz klein wenig anspruchsvoller).
Varianten: Schilder zeigen mögliche Verkürzungen auf 3 und 6 km an. Je nach Schneelage ist ein Anschluss ins österreichische Scharnitz gespurt, von dort kann über Gießenbach bis Richtung Seefeld eine lange Tour zusammengesetzt werden (Loipengebühr in Österreich!).
Einkehr: Am Loipenstart im Sportzentrum »Isarena«.
Sehenswert: Mittenwald mit historischem Ortskern und Geigenbaumuseum.
Information: Aktueller Loipenbericht unter www.alpenwelt-karwendel.de, Tel. 08823/33981.

Wir starten rechts haltend und laufen über freie Wiesen zum ersten Wendepunkt, wo es ein klein wenig wellig wird. Zunehmend taucht die Loipe nun in die schattigen Wälder zu Füßen der Arnspitze ein, in denen bald die 6-km-Runde und Skatingstrecke links abzweigt.

Die 8-km-Runde führt rechts (Schild »Scharnitz/Seefeld«) weiter durch den Wald mit einigen leichten Kurven und einer ganz kurzen Abfahrt. Nachdem rechts der Anschluss nach Scharnitz abzweigt, führt die Loipe durch schöne

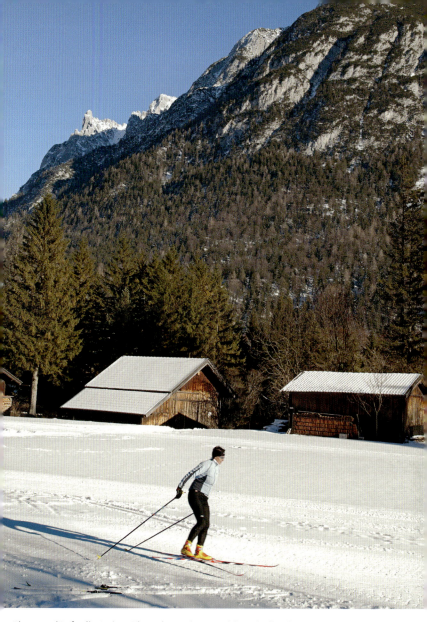

Eben verläuft die Loipe über den Mittenwalder Riedboden unter den Felswänden von Viererspitze und Gerberkreuz.

lichte Kiefern in Nähe der Isar zurück. Nur zwei kurze leichte Anstiege unterbrechen das nun sanft abfallende Gleiten, zuletzt wieder über freie Wiesen mit eindrucksvollem Blick auf die Felswände von Viererspitze und Gerberkreuz.

Werdenfelser Land

14 ▶ Isarloipe zwischen Wallgau und Vorderriß

Zwischen sonnigen Flussauen und frostigen Waldstücken ★★

K
S

Still, abgeschieden und im Hochwinter recht schattig und frostverwöhnt gibt sich das lange Tal, das die junge Isar von Wallgau bis Vorderriß durchläuft. Langweilig wird es für Langläufer jedoch nie: Mal geht es eben am Flussbett entlang, dann wieder steil und knackig durch den Wald. Erst hat man die Zugspitze im Rücken, dann das Karwendel vor Augen.

KURZINFO

Ausgangspunkt: 82499 Wallgau, Wanderparkplatz Isarstraße südlich der Ortsmitte; wie bei Tour 15 nach Krün und weiter nach Wallgau (oder von der Ausfahrt Murnau/Kochel über Kochel und Walchensee). Öffentliche Anreise wie bei Tour 15, von der Bus-Hst. ortsauswärts und auf die linke Zubringerloipe zum Wanderparkplatz. Im Gasthof Post (Donnerstag Ruhetag) in Vorderriß kann ein Shuttle-Bus für die Rückfahrt gebucht werden. Vorabinfo beim Reisebüro Hornsteiner Tel. 08825/470.
Weiterer Einstieg: In Vorderriß am Gasthof Post.
Höhenlage: 790 – 850 m.
Steigungen (kumuliert): 90 Hm auf/150 Hm ab (gilt nur für einfache Strecke nach Vorderriß); hin und zurück: 240 Hm.

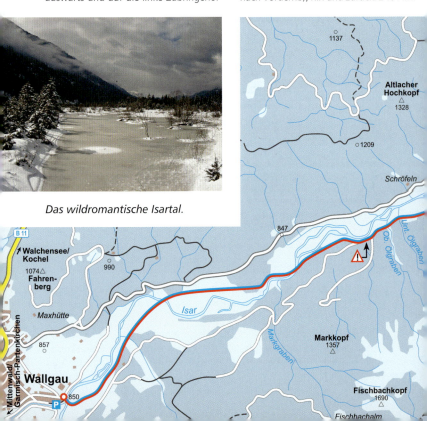

Das wildromantische Isartal.

Werdenfelser Land

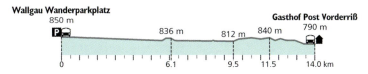

Dargestellt ist die einfache Strecke – zurück geht es auf gleicher Route.

Streckenlänge/Laufstil: 14,0 km für die einfache Strecke, 28,0 km hin und zurück (Klassisch und Skating).
Laufrichtung: Hin- und Rückspur sind gleich. Bei ein bis zwei klassischen und einer teils schmalen Skatingspur heißt es auf Gegenverkehr achten.
Anforderungen: Überwiegend fast ebenes Gelände, mehrere steile Anstiege und schmale, schnelle Abfahrten erfordern aber den geübten Läufer. Die ersten Kilometer ab Wallgau lohnen aber auch für Anfänger. An einigen Stellen gut auf Gegenverkehr achten! Hin und zurück fordert die Loipe viel Kondition.
Varianten: Loipe nach Fall am Sylvensteinsee (9 km, je nach Sprung mittel bis schwer).
Einkehr: In Vorderriß Gasthof Post. Mehrere Einkehrmöglichkeiten in Wallgau.
Tipp: Erst im Februar wird die Loipe weniger schattig. Der Anfangsabschnitt bei Wallgau kann durch die Sonne dann aber leiden, ggf. in Vorderriß starten.
Information: Aktueller Loipen- und Pistenbericht unter www.alpenwelt-karwendel.de, Tel. 08825/925050.

Der Höhepunkt der Tour: Das verschneite Rißbachdelta kurz vor Vorderriß mit Blick ins Karwendel.

Einsame Weite umfängt den Langläufer im langen Tal zwischen Wallgau und Vorderriß.

Vom Parkplatz folgen wir der Beschilderung nach Vorderriß rechts am Ufer der Isar entlang. Bald geht es nach links, über die Brücke und über aussichtsreiche Flächen Richtung Bergfuß. Die Loipe bleibt nahezu eben, führt bald abermals über die Isar und folgt dem Flussbett. Kurz nach dem Schild »Vorderriß 9 km« steigen wir steil im Wald empor – Vorsicht auf Gegenverkehr (!) – und kurze Zeit später fahren wir auf einer oft harten, schnellen Abfahrt kurvig hinab (!). Auf den nächsten Kilometern wechseln ebene Abschnitte mit leichtem Auf und Ab. Erst nach dem Schild »Vorderriß 6 km« geht es längere Zeit aufwärts in den Wald. Kurze Anstiege wechseln mit Abfahrten, ehe eine schwierige Abfahrt mit anfänglicher hakliger Kurve folgt (!). Hoch über der Isar laufen wir weiter, dann folgt eine knifflige, schmale Abfahrt hinab in den Wald – extreme Vorsicht auf Gegenverkehr (!). Unten geht es scharf links, und bald danach folgt eine weitere schnelle Abfahrt hinab in das weite verschneite Flussdelta des Rißbachs. Rechts grüßt das Karwendel, vor uns die Vorderrißer Anhöhe mit dem Forsthaus, in dem der Schriftsteller Ludwig Thoma aufwuchs, und dem ehemaligen Jagdhaus König Ludwigs II. An der Straße laufen wir links noch ein kurzes Stück entlang, dann ist der Gasthof Post in Vorderriß erreicht. Die Rückloipe folgt exakt der Hinloipe.

Werdenfelser Land

Panoramaloipe Krün – Barmsee – Gerold　15

Die Paradeloipe in der Alpenwelt Karwendel ★★★

Selten hat eine Loipe ihren Namen so verdient wie die Panoramaloipe in Krün. Drei Gebirgsketten und zwei Seen sind ständige Begleiter dieser langen Rundtour, die durch steile Anstiege und schnelle Abfahrten zusätzlich beeindruckt. Doch die kürzeren – und nicht minder aussichtsreichen – Varianten sind auch für Anfänger geeignet.

K
S

KURZINFO

Ausgangspunkt: 82494 Krün, Parkplatz Krottenkopfstr., Anfahrt über die A95 nach Garmisch-Partenkirchen und weiter nach Krün. (Etwa gleich weit von der Ausfahrt Murnau/Kochel über Kochel und Walchensee.) In Krün über die Krottenkopfstraße zum Loipenparkplatz.
Öffentliche Anreise: Per Bahn nach Klais oder Kochel, weiter jeweils mit Bus 9608 zur Hst. Wallgau/Hotel Alpenhof, ortsauswärts gehen und auf rechte Zubringerloipe zum Punkt 870 (s. Karte).
Weiterer Einstieg: 1) Wallgau. 2) Gerold an der B2 Garmisch-Mittenwald. 3) Hotel Barmsee (dorthin auch ab Bahnhof Klais auf einem längeren Fußweg links der Bundesstraße).
Höhenlage: 870 – 980 m.
Steigungen (kumuliert): 240 Hm.
Streckenlänge/Laufstil: 14,7 km (Klassisch und Skating).
Laufrichtung: Im Gegenuhrzeigersinn.
Orientierung: Eindeutige Markierung durch Schilder und Pfeile.
Anforderungen: Die Gesamttour bietet knackige und zum Teil lange, konditionsfordernde Anstiege und schnelle Abfahrten. Nur für sehr gute Langläufer geeignet (und für solche sehr empfehlenswert)! Der erste, flache Teil lässt sich aber über eine blaue und rote Variante begehen und weist keine besonderen Schwierigkeiten auf.
Varianten: Ab Loipenstart teilt sich die »schwarze« Panoramaloipe die Spur mit der »roten« Genussloipe (7,9 km) und »blauen« Sonnenloipe (4,3 km). Beide Varianten zweigen später von der Panoramaloipe ab und führen zurück zum Ausgangspunkt. Die Genussloipe ist nur ein klein wenig anspruchsvoller als die flache Sonnenloipe, Anstiege und Abfahrten sind sehr kurz und sanft.
Tipp: Sprint- und Nachtloipe Krün, Infos im Internet (s. unten).
Einkehr: Beliebter Imbisskiosk mit Bänken am Wendepunkt der Panoramaloipe in Gerold. Hotel-Restaurant Barmsee mit toller Aussichtsterrasse. Am Ausgangspunkt in Krün entlang der Hauptstraße (Karwendel- bzw. Walchenseestraße) schöne Gasthöfe wie »Block's Post«.
Information: Loipenbericht: www.alpenwelt-karwendel.de, Tel. 08825/1094.

Blick auf Barmsee und Karwendel.

Am Horizont (v. l.): Dreitorspitze, Hochwanner, Hochblassen, Alpspitze, ...

Vom Parkplatz führt eine Zubringerspur zu einer Loipentafel. Hier steigen wir rechts in die Loipe ein, die Panorama-, Genuss- und Sonnenloipe zunächst vereint. Wir laufen nahezu eben nach Norden bis an den Ortsrand von Wallgau. Dort wendet sich die Spur nach links, durch einen flachen Graben, dann wieder auf die weiten Wiesen, welche eine fantastische Rundsicht auf Karwendel, Wetterstein und Estergebirge ermöglichen. Bald zweigt links die blaue Sonnenloipe ab. Wir laufen weiter, am Waldrand entlang, ehe wir das Ufer des Barmsees erreichen. Hier biegt links die rote Genussloipe ab. Unsere schwarze Panoramaloipe wendet sich rechts und konfrontiert uns bald mit einem ersten steilen Anstieg. Hoch über dem Seeufer mit eindrucksvollem Blick geht es dann mit Rechtskurve zügig bergab, wieder bis auf Seehöhe (Vorsicht, bei dem letzten Stück überschneiden sich kurzzeitig Skatingspur und Fußweg!). Die Loipe entfernt sich nun wieder vom See, es folgt ein sehr langer Anstieg. Er führt erst gemächlich durch Wiesen, dann außerordentlich steil (!) durch den Wald. Oben auf der Anhöhe werden wir mit Zugspitzblick belohnt, ehe uns eine lange, immer schneller werdende Abfahrt an die Ufer des Geroldsees bringt. Im Auf und Ab geht es dann in den Weiler Gerold mit Kiosk, dann links haltend leicht aufwärts auf einen Höhenrücken. Nun folgen einige leichte bis mäßig steile, aber teils kurvige Abfahrten bis zum Hotel Barmsee, wo es wieder flacher wird. Nach zwei Straßenquerungen laufen wir zurück zu den Krüner Wiesen, auf denen wir vorbei an schmucken Häusern am Ortsrand wieder unseren Ausgangspunkt erreichen.

... Zugspitze (mit Höllentalferner) und Waxenstein. Ganz hinten der Daniel.

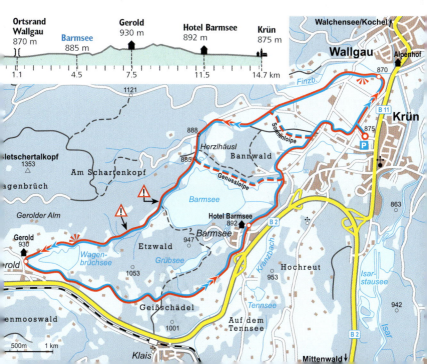

Werdenfelser Land

16 Kranzbach – Elmau

Im Hochtal der Schlösser

K
S
Im Hochtal hinter Klais stehen zwei knapp 100 Jahre alte Schlossbauten, die heute als Luxushotels dienen: Kranzbach und Elmau. Beide verbindet eine abwechslungsreiche Loipe in fantastischer Landschaft. Geübte können bei guter Schneelage auch noch eine richtige Bergloipe zur 200 Meter höher gelegenen Elmauer Alm anschließen.

KURZINFO

Ausgangspunkt: Wanderparkplatz rechts der Mautstraße von 82493 Klais in die Elmau, nach Schloss Kranzbach.
Höhenlage: 990 – 1040 m.
Steigungen (kumuliert): 100 Hm.
Streckenlänge/Laufstil: 8,0 km (Klassisch und Skating).
Laufrichtung: Wie beschrieben.
Orientierung: Zum Teil beschildert.
Anforderungen: Überwiegend leichte Loipe (v. a. die Runden am Schloss Elmau). Im schattigen Mittelteil zwischen Kranzbach und Elmau erfordern jedoch einige Aufstiege und schnellere Abfahrten Geschick (oft kurze eisige Stellen).
Varianten: 1) Loipe Sonnenhügel (vor Ort: Loipen-Nr. 4), eine lohnende Runde am Anfang oder Ende der Haupttour über die Südhänge des Hirzeneck (ca. 6 km extra). 2) Almloipe (vor Ort: Loipen-Nr. 5), direkt zur Elmauer Alm hinauf (ca. 4 km extra). Jeweils schnelle Abfahrten und viel Anstieg, nur bei guter Schneelage! Beide Varianten sind anspruchsvoll; sie können zum Erreichen der Elmauer Alm kombiniert werden.
Einkehr: Nur an den Varianten die Elmauer Alm; die lohnt auch als Ziel einer Winterwanderung mit gutem Anstiegsweg (nach der Langlauftour bzw. wenn die Varianten wegen Südhanglage nicht gespurt oder für Sie zu schwierig sind).
Information: Aktueller Loipen- und Pistenbericht unter www.alpenwelt-karwendel.de, Tel. 08825/1094.

Große Kulisse: Schloss Elmau und das Wettersteingebirge. Rechts im Bild die Dreitorspitze und die sonnenbeschienene Alpspitze.

Werdenfelser Land

Vom Parkplatz folgen wir rechts der Straße dem Winterwanderweg Richtung Elmauer Alm. Nach einigen Metern steigen wir links in die Loipe Nr. 3 Richtung Elmau ein. Sie führt kurz aufwärts, dann leicht abfallend in das schattige Tälchen oberhalb eines Baches. Es folgt ein kurzes Auf und Ab am abfallenden Hang, Vorsicht bei Vereisung. Danach gleiten wir weiter abwärts, schließlich links über den Bach und rechts am Wanderweg entlang erreichen wir die sonnige Ebene vor der imposanten Kulisse von Schloss Elmau und dem Wettersteingebirge. Wir biegen in den Rundkurs ein und folgen ihm linksseitig, am Schloss und an der Loipentafel vorbei. Ansonsten geht es weiter, der Loipe Nr. 2 folgend, kurz hinab, links haltend über den Bach und im Bogen an einer Hütte vorbei. Nun folgen wir dem Rundkurs Nr. 2 erst rechts flach dahin, dann links den Südhang hinauf und über einige wellige Abfahrten mit großartigem Ausblick zur Hütte zurück. Wieder geht es über den Bach zurück, dann links haltend am Rundkurs Nr. 1 entlang bis zurück zu der Stelle, wo unsere Loipe Nr. 3 von Kranzbach her einmündete. Ihr folgen wir durch das schattige Tälchen, diesmal mit mehr Aufstieg als Abfahrt, zurück. Kurz vor dem Ende zweigt links die schwierige Variante Nr. 5 (»Alm«) ab, ehe wir wieder den Einstiegspunkt am Wanderweg erreichen. Gegenüber führt Loipe Nr. 3 noch ein steiles Stück als Zugabe hinauf, im Anschluss daran beginnt die schwere Variante Nr. 4 (»Sonnenhügel«).

Die Elmauer Alm mit ihrer einladenden Aussichtsterrasse.

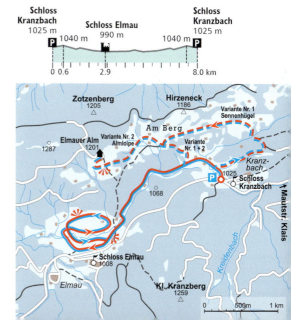

Werdenfelser Land

17 ▶ Klais – Kaltenbrunn

Der schneesichere Klassiker östlich von Partenkirchen ★★

K
S
Im Winter schattig, dafür schneereich, erstreckt sich das Kankertal zwischen Garmisch-Partenkirchen und Klais. Zwischen dem Bahnhof Klais und Kaltenbrunn verläuft diese sportliche Tour mit interessanten Varianten für wirklich Geübte.

KURZINFO

❄ ❄ ❄   🚌 ✕ 👥

Ausgangspunkt: 82493 Klais, Parkplatz Bahnhofstraße. Anfahrt über die B2 von Garmisch-Partenkirchen. In Klais den Loipen-Schildern zum Parkplatz hinter dem Bahnhof folgen. Vom Bahnhof Klais an der Bahnlinie München-Innsbruck rechts 200 Meter zur Loipe.
Weiterer Einstieg: In Kaltenbrunn.
Höhenlage: 855 – 940 m.
Steigungen (kumuliert): 150 Hm.
Streckenlänge/Laufstil: 9,0 km (Klassisch und Skating).
Laufrichtung: Unterschiedlich, durch Schilder vorgegeben.
Anforderungen: Obwohl die Loipe als »rot« (mittelschwer) deklariert ist, erfordern einige steilere Aufstiege und Abfahrten den geübten Läufer (insbesondere da einzelne Abschnitte je nach Schneelage des Öfteren etwas eisig oder glatt sind). Anfänger können sich auch auf die flachen Abschnitte direkt bei Klais oder Kaltenbrunn beschränken.
Varianten: 1) Aschermoos auf dem Rückweg Kaltenbrunn – Klais (im Mittelteil) kurze nette 1,4-km-Zugabe. 2) Weltcupstrecke (5 km, schwarz, klassisch und Skating): Durch die Hangwiesen direkt oberhalb von Kaltenbrunn mit vielen Windungen und steilen Anstiegen und Abfahrten »konstruierte« Sportlerloipe.
Einkehr: In Klais am Bahnhof das Klaiser Stüberl und am westlichen Ortsausgang (Bundesstraße) der Gasthof Sonnenhof. In Kaltenbrunn der Gasthof »Zum Schweizerbartl« an der Bundesstraße.
Information: Aktueller Loipen- und Pistenbericht unter www.alpenwelt-karwendel.de, Tourist-Information Krün, Tel. 08825/1094.

Hinter dem Parkplatz führt uns die Loipe zunächst über die freien Wiesen südlich der Bahnlinie und Straße in sanftem Auf und Ab dahin. Nach ca. 2 km folgt ein längerer, steiler, oft eisiger Aufstieg (!), dem bald mehrere zügige Abfahrten folgen. Auf diese Weise durchqueren wir das abgeschiedene waldige Tälchen des Aschenmoosbachs, das sich im Hochwinter meist schattig und eiskalt, dafür oft wie eine Wintermärchen-Landschaft darbietet. Schließlich erreichen wir die Wiesen von Kaltenbrunn (links Abzweigung zur Variante »Weltcupstrecke«). Flach geht es nun dahin bis zum Parkplatz Kaltenbrunn (Infotafel und WC).
Die Rückloipe führt uns anschließend fast eben direkt an der Bahnlinie entlang. Wir passieren das Trainingszentrum der ortsansässigen Biathleten, bevor uns die Loipe rechter Hand steil hinauf in den Wald führt. Das folgende

Der Loipenabschnitt bei Klais vor der Karwendelkulisse.

Stück schenkt uns einige abwechslungsreiche kurze Abfahrten und Anstiege durch teils kurvige Waldschneisen (!), ehe wir die Wiesen des Aschenmooses erreichen (links kurze Variante). Nach einer nochmaligen steileren Abfahrt sind dann auch wieder die Wiesen von Klais erreicht. Mit herrlichem Blick auf das Karwendelgebirge geht es nun recht gemütlich zurück zum Ausgangspunkt.

Werdenfelser Land

18 Garmisch – Hammersbach

Die »Hausloipe« der Wintersportmetropole

K
S
Direkt am Fuße der meist stark frequentierten Skigebiete zieht die ortsnahe, unschwierige Garmisch-Partenkirchner Hausloipe über freie Wiesen mit großartigem Gebirgspanorama. Über die Varianten in Richtung des Skistadions oder zum Nachbarort Grainau lassen sich für Sportliche noch etliche Kilometer addieren.

Unter der Alpspitze (links) und den Waxensteinen verläuft die Hausloipe.

KURZINFO

Ausgangspunkt: 82467 Garmisch-Partenkirchen, Parkplatz der Hausbergbahn, Am Hausberg 4. Anfahrt durch den Ortsteil Garmisch (Richtung Fernpass).
Im Winter gibt es morgens Direktzüge von München zur Hausbergbahn. Die Linie Garmisch-Reutte hat dort ebenfalls einen Haltepunkt. Zu Fuß 1,5 km vom Garmischer Bahnhof (über Zugspitzbahnhof und Alpspitzbad).
Weiterer Einstieg: Parkplatz Kreuzeck- und Osterfelderbahn.
Höhenlage: 710 – 750 m.
Steigungen (kumuliert): 40 Hm.
Streckenlänge/Laufstil: 8,5 km (Klassisch und Skating).
Laufrichtung: Durch den Rundkurs entgegen dem Uhrzeigersinn, ansonsten sind Hin- und Rückloipe gleich.
Anforderungen: Die Loipe steigt und fällt nur sehr sanft. Es gibt keine wirkli-

Werdenfelser Land

chen Aufstiege und Abfahrten. Im ersten Teil kann es wegen nur einer Skatingspur bei viel Betrieb etwas eng werden.

Varianten: Die Loipe kann verlängert werden: 1) Richtung Osten zum Skistadion: Die nette, ebenfalls leichte 3-km-Runde beginnt am östlichen Ende des Hausbergparkplatzes und führt am Kochelberg entlang bis kurz vor die Skisprungschanze und wieder zurück. 2) Richtung Westen nach Grainau: Im Mittelteil des Rundkurses nach der Brücke weist eine Loipentafel und ein Schild an einem Sträßchen zum Anschluss an die Grainauer Loipen. Über ein kurzes Stück zu Fuß erreicht man an der Zugspitzstraße rechts die Zugspitzbad-Loipe (4 km, leicht). Von ihr zweigt rechts die 3,5 km lange, auch leichte Krepbachrunde ab.

Tipp: 1) Alpspitz-Wellenbad mit Sauna. (nördlich der Hausbergbahn). 2) Eislaufzentrum (beschildert).

Einkehr: Skibars und Einkehrmöglichkeiten (Hotel Hausberg, Osterfelder Hof). an den Talstationen der Hausberg- und Kreuzeck-/Alpspitzbahn. Empfehlenswert ist die etwas ruhigere Aule-Alm (von der Kreuzeckbahn-Talstation auf Sträßchen ca. 500 m leicht bergauf).

Information: www.gapa.de, unter »Sport+Erlebnis/Winter«), Tel. 08821/180700. www.grainau.de, unter Freizeit & Erholung/Winterspaß/Langlaufen Tel. 08821/981850.

Neben der Haltestelle Hausberg am Rande des Parkplatzes beginnt die Loipe nach Hammersbach. Zunächst sind Hin- und Rückloipe vereint und ziehen in Nähe der Gleise der Bayerischen Zugspitzbahn über freie Wiesen zwischen Heustadeln hindurch. Nach ca. 2 km überqueren wir die Straße zur Kreuzeckbahn (abschnallen!) und bald geht es erneut über die Bahngleise. Nach einer Brücke biegen wir rechts haltend in einen Rundkurs. Das bisher schon grandiose Gebirgspanorama zeigt nun in voller Größe die Alpspitze und die Waxensteine. Wir erreichen den Ortsrand von Grainau, wo Schilder den Anschluss zu den Grainauer Loipen anzeigen. Unser Rundkurs führt weiter südwärts auf die Bergmassive zu, rechts grüßt das Dörfchen Hammersbach. Dann biegt die Spur nach links, unter den Weltcupabfahrtspisten am Kreuzeck durch und am Parkplatz der Kreuzeckbahn entlang. Nach einer kurzen Schleife zurück führt die Loipe geradeaus, sanft talwärts, ehe wir bei der Brücke wieder die Hinloipe erreichen. Dieser folgen wir nun auf der rechten Spur zurück zum Ausgangspunkt.

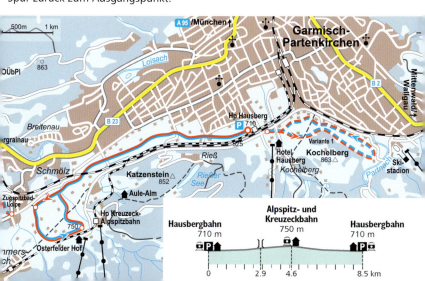

Werdenfelser Land

19 ▶ Loisachtalloipe Oberau – Farchant

Die wohl genussvollste Werdenfelser Loipe

K
S

Obgleich nicht immer schneesicher, so ist die unschwierige Loipe zwischen Oberau und Farchant eine unbedingt empfehlenswerte Unternehmung. Das Panorama begeistert hier ebenso wie das abwechslungsreiche Gelände entlang der Tour – vom Golfplatz bis zu den Kuhfluchtauen.

KURZINFO

Ausgangspunkt: 82496 Oberau, Parkplatz »An der Loisachbrücke«. In Oberau (A95 München – Garmisch) Richtung Bahnhof abzweigen (Schild »Loipe«), rechts haltend über den Bahnübergang, rechts auf der Flößerstraße zur Brücke und jenseits links zum Parkplatz.
Vom Bahnhof an der Bahnlinie München-Innsbruck links auf die Werdenfelser Straße, links über den Bahnübergang auf die Flößerstraße und weiter wie oben (ca. 500 m Gehstrecke).
Weiterer Einstieg: Farchant, Parkplatz beim Sportzentrum Föhrenheide.
Höhenlage: 650 – 680 m.
Steigungen (kumuliert): 40 m.
Streckenlänge/Laufstil: 8,0 km (Klassisch und Skating).
Laufrichtung: Im Gegenuhrzeigersinn.
Orientierung: Blaue Markierungspfeile, an Verzweigungen rechts haltend.
Anforderungen: Die Loipe steigt und fällt nur sehr sanft. Es gibt auf der Rückspur nur eine kurze Passage mit echtem Anstieg und kleiner Abfahrt mit Kurve (Anfänger ggf. abschnallen).
Varianten: Die Loipe kann verlängert werden: 1) Ab Parkplatz Farchant: Vom Parkplatz südwärts weiter zu einer abwechslungsreichen, lohnenden Runde mit leichter Neigung (1,5 km, Klassisch und Skating). 2) In Oberau: Vor dem Ende der Tour rechts (grüne Markierungstafeln) in den leichten Oberauer Rundkurs über den Golfplatz vorbei am Gut Buchwies (ca. 4 km). 3) Bis Eschenlohe: Bei wirklich guter Schneelage von Oberau nordwärts noch bis Eschenlohe und zurück (ca. 12 km, leicht). Kombiniert mit der Tour Oberau-Farchant ergibt sich die »große Loisachtalloipe« (Markierung: gelb) mit 25 km Gesamtlänge.
Sehenswert: Krippenmuseum in Oberau, vom 1. Advent bis 1. Sonntag im Februar dienstags bis sonntags, 14 – 17 Uhr, Hl. Abend und Silvester geschlossen. Schmiedeweg 3, Tel. 08824/93973.
Einkehr: Direkt an der Loipe keine. In Farchant Sportlerstüberl beim Sportzentrum sowie Pizzeria Vesuvio (an der Frickenstraße entlang ca. 600 m in den Ort zur Mühldörflstr.). In Oberau Conlan's Café beim Bahnhof und Oberauer Alm (Ortsmitte, Schmiedeweg).
Information: Aktuelle Infos auf www.oberau.de und www.farchant.de (Loipenstatus auf dem pdf-Downloadplan) Tel. 08824/93973 und 08821/961696.

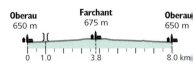

Vom Parkplatz steigen wir gleich rechts haltend in die Loipe ein, die über das Zufahrtssträßchen hinüber nach Süden führt. Wir halten uns im Folgenden immer rechts und folgen den Schildern »Farchant« bzw. den kleinen blauen Markierungspfeilen. Zunächst führt die Loipe über die Ausläufer des Golfplatzes, direkt unter den mächtigen Felsabbrüchen des Estergebirges linker Hand. Nach einer Rechtskurve und Querung einer kleinen Straße geht es weiter nahezu eben dahin, zwischen lichten Baumgruppen, knorrigen Kie-

Das Wettersteingebirge mit Alp- und Zugspitze dominiert das Loisachtal.

fern und Heustadeln. Die Ammergauer Alpen rechts und das Wettersteingebirge mit Alpspitze und Zugspitze direkt vor uns begleiten unsere aussichtsreiche Fahrt. Wo Hin- und Rückloipe schließlich zusammenkommen, folgen wir der gemeinsamen Spur weiter halbrechts durch die leicht welligen Auen des Kuhfluchtbaches. Bald haben wir den Parkplatz bei Farchant erreicht. Wir können nun noch der lohnenden, kurzen Variante weiter nach Süden folgen. Zurück geht es zunächst auf der Hinloipe durch die Kuhfluchtauen, dann rechts haltend (blauer Pfeil) durch weites, flaches Gelände. Später folgt noch ein kurzes Stück mit kleinem Anstieg und Abfahrt (!), ehe wir wieder die Weiten des Oberauer Golfplatzes erreichen.

Hier – beim Schild »Tee 11« – halten wir uns links (rechts bzw. geradeaus führt die grüne Markierung auf die Variante des Oberauer Rundkurses) und laufen auf der Hinspur zurück zum Parkplatz.

Kochelsee-Region

20 Schlehdorf – Großweil

Ebene Wiesen zwischen Kloster und Herzogstand

K S *Kloster Schlehdorf und die Berge vom Jochberg bis zum Herzogstand bieten eine wunderschöne Voralpenkulisse. Sobald der Schnee reicht, spuren die Großweiler und Schlehdorfer ihre zusammenhängenden Runden, die auch Anfänger vor keine besonderen Herausforderungen stellen.*

KURZINFO

Ausgangspunkt: 82444 Schlehdorf, Parkplatz beim Fischerwirt (oder dahinter), Unterauer Straße 1. Anfahrt über die A95 München – Garmisch, bei der Ausfahrt Murnau/Kochel Richtung Kochel. Busverbindung (RVO Linie 9613) mit dem Bhf. Kochel und Penzberg (werktags).
Weiterer Einstieg: Großweil.
Höhenlage: 600 – 620 m.
Steigungen (kumuliert): 45 Hm.
Streckenlänge/Laufstil: 7,0 km (Klassisch und Skating).
Laufrichtung: Unterschiedlich – der Beschreibung folgen.
Anforderungen: Die Loipe ist teils eben, teils nur sanft geneigt.
Varianten: 1) Unterauer Runde: Nach dem Einstieg rechts haltend eine sehr leichte, ca. 4 km lange Runde. 2) Von der Straße in Großweil geht es geradeaus noch wenige Kilometer weiter und wieder zurück (neben der Straße, weniger lohnend).
Einkehr: Am Wendepunkt in Großweil in den Ort und rechts zum Neuwirt. Besonders empfehlenswert ist der Fischerwirt am Ausgangspunkt in Schlehdorf.
Sehenswert: Klosterkirche Schlehdorf.
Information: www.schlehdorf.de unter »Tourismus«; oder nachfragen beim Fischerwirt, Tel. 08851/484.

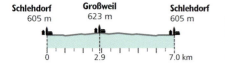

Der Hochnebel verzieht sich – im Hintergrund erscheint der Herzogstand.

Vom Gasthof gehen wir zunächst ein Stück die Unterauer Straße weiter und steigen links in die Loipe ein. Wir folgen ihr erst Richtung Ortsausgang, dann zweigen wir links ab (rechts die Variante 1) und überqueren bald die Autostraße. Jenseits laufen wir rechts weiter und gelangen nach einer kurzen, leichten Abfahrt in die Mulde vor dem Karpfsee. Je nach Spurung passiert ihn die Loipe, indem sie sich halb rechts oder mehr links in einem größeren Bogen hält. Anschließend laufen wir leicht aufwärts zu einem Hochspannungsmasten. Hier halten wir uns rechts, durchqueren bei einem Viehstall eine Baumgruppe und einen Bach und laufen rechts bergab. Hinter einer weiteren Baumgruppe führt die Loipe über freie Wiesen sanft aufwärts zum Ortsrand von Großweil. Vor einer Teerstraße mit Kreuz (hier rechts in den Ort, geradeaus Variante 2) machen wir kehrt.

Das Kloster Schlehdorf ziert den Hintergrund der Loipe.

Die Rückloipe beschreibt eine kurze Schleife links hinab zur Hauptstraße und wieder zurück zur Hinloipe. Ihr folgen wir nun parallel, bis es nach der Baumgruppe bergauf Richtung Stall geht. Die Rückloipe kann nun rechts einen Bogen mit etwas stärkerem Aufstieg und kleiner Abfahrt machen (auf der Hinloipe links umgehbar). Nach dem Stall laufen wir rechts bergauf zu einem Hof (rechts ist zuweilen noch eine Extraschleife gespurt). Ansonsten halten wir uns links und laufen in weitem Bogen zurück zur Hinloipe am Karpfsee. Daran entlang geht es zurück zur Straßenquerung und jenseits rechts zum Ausgangspunkt.

Kochelsee-Region

21 ▶ Bichl – Benediktbeuern

Leichtes Auf und Ab unter der Benediktenwand

K
S

Die Ortschaften Bichl und Benediktbeuern verbindet eine vom ortsansässigen Skiclub vorbildlich gespurte Loipe zu Füßen der Benediktenwand. Durch die stets nur leicht geneigten Wiesen mit freiem Alpenblick ist die Spur geschickt gelegt und bietet eine Vielzahl sanfter Anstiege und Abfahrten.

KURZINFO

Ausgangspunkt: 83673 Bichl, Parkplatz am Freibad. Anfahrt über die A95 Richtung Garmisch, Ausfahrt Sindelsdorf, Richtung Bad Tölz, später nach Bichl abzweigen; im Ort in die Ludlmühlstraße und den Schildern zum Bad folgen.
Weiterer Einstieg: Benediktbeuern, bei der Grund- und Hauptschule und beim Bauhof im Ortsteil Häusern.
Höhenlage: 645 – 670 m.
Steigungen (kumuliert): 55 Hm.
Streckenlänge/Laufstil: 5,7 km (Klassisch und Skating).
Laufrichtung: Klassisch entgen dem Uhrzeigersinn, immer rechts haltend.
Orientierung: Ohne Probleme.
Anforderungen: Die Loipe ist zwar kaum eben, doch bleiben die vielen Anstiege und Abfahrten alle sanft und unschwierig.
Sehenswert: Kloster Benediktbeuern.
Einkehr: Jägerstuben direkt an der Loipe. In den Ortskernen von Benediktbeuern (»Post«, »Herzogstand«) und Bichl empfehlenswerte Gasthäuser.
Tipp: Die kurze Runde beim Benediktbeurer Einstieg (Ortsteil Häusern) ist von Montag bis Freitag abends beleuchtet.
Information: TSV Benediktbeuern-Bichl, www.tsv-ski-bb.de; telefonisch bei der Touristinfo (Tel. 08857/248).

Abendstimmung unter der Benediktenwand.

Kochelsee-Region

Am Horizont Jochberg, Herzogstand und Heimgarten (von links).

Vom Parkplatz aus steigen wir rechts haltend in die Loipe ein, die uns zunächst zu einem kleinen Hügel führt. Im Auf und Ab geht es über diesen hinweg, dann wendet sich die Spur nach links. Nach leichtem Anstieg berühren wir die Rückloipe und wenden uns nach rechts zu einer Brücke, die über einen von Pappeln gesäumten Bach führt. Jenseits folgt nach einem Strächen ein längerer, leichter Anstieg bis an den Bergfuß, ehe wir fast parallel wieder in einem Rechts-Links-Bogen abfahren. Ein weiterer leichter Anstieg führt hinauf zu einer Straße bei den Jägerstuben. Wir queren die Straße nach rechts und erreichen den kurzen Rundkurs oberhalb des Benediktbeurer Ortsteils Häusern. Im Auf und Ab absolvieren wir diesen und kehren zurück zur Straße bei den Jägerstuben. Jenseits führt die Rückloipe nach rechts, oberhalb der Hinloipe, und in einer längeren, leichten Abfahrt zurück zur Brücke bei dem Bächlein. Nach deren Überquerung halten wir uns weiterhin rechts, steigen leicht zum Waldrand an und erreichen schließlich in einem Links-Rechts-Bogen wieder unseren Ausgangspunkt.

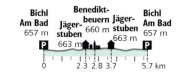

Oberland

22 Bad Tölz – Kloster Reutberg

Durch eine abwechslungsreiche Langlauflandschaft

K *Die zu Recht bekannte Loipe im Nordosten von Bad Tölz bietet eine großzügige und sehr abwechslungsreiche Rundtour. Abseits der Straßen und doch an Dörfern vorbei, über freie Hügel, durch Wald und entlang vom Reif glänzender Moore zieht die Spur bis zum abgelegenen Kloster Reutberg und mit immer neuen Eindrücken wieder zurück.*

KURZINFO

Ausgangspunkt: 83646 Bad Tölz, Parkplatz am Freibad Eichmühle, Eichmühlstr. Über »Bad Tölz-Ost« in den Ort, dann Richtung Bahnhof und auf der Eichmühlstraße bis zum Bad. Vom Bahnhof Bad Tölz an der Strecke München – Lenggries rechts haltend über die Eichmühlstraße ca. 1 km bis zum Freibad.
Weitere Einstiege: Ellbach sowie Kloster Reutberg.
Höhenlage: 680 – 720 m.
Steigungen (kumuliert): 100 Hm.
Streckenlänge/Laufstil: 16,0 km Klassisch.
Laufrichtung: Im Uhrzeigersinn, rote Richtungsschilder.
Anforderungen: Diese Loipe wird in Hin- und Rückrichtung großzügig (meist mehrere Parallelspuren) und ordentlich gespurt. Einige Anstiege und Abfahrten sind mäßig steil, ansonsten ist die Loipe oft eben oder nur leicht geneigt. Auf den Abschnitten an den Moorgebieten kann es vereiste Stellen geben.
Varianten: An den Stellen, wo sich Hin- und Rückloipe stark annähern, kann die Runde verkürzt werden: kurz nach Ellbach (gesamt dann 5 km) und nach der Querung der Autostraße bei Kirchseemoor (9 km).
Einkehr: Kloster Reutberg, kurz nach Tourenmitte, wenn man von der Loipe aus kurz der Zufahrtsstraße folgt (Gaststätte mit Brauerei, www.klosterbrauereireutberg.de). In Ellbach Landgasthof Schützenwirt.
Sehenswert: Bad Tölz (Marktstraße, Stadtmuseum, Kalvarienberg).
Information: Aktuelle Wintersportinformationen auf www.bad-toelz.de, Tel. 08041/7867-0.

Die Alpenkulisse fehlt nicht bei der langen Tour über weite sanfte Hügel.

Oberland

Direkt gegenüber dem Parkplatz führt ein Steg über den Ellbach zum gut sichtbaren Loipeneinstieg. Wir folgen den Laufrichtungsanzeigern links und durchqueren das Ellbachmoor. Bald passieren wir den Ort Ellbach links von uns, ehe wir am nördlichen Ortsrand über einen steilen, längeren Anstieg auf die freien, aussichtsreichen Hügel gelangen. Es folgen entspannte kleinere Abfahrten über freies Wiesengelände, vorbei an kleinen Weilern. Nach Überquerung der Autostraße (abschnallen!) gelangen wir wieder in waldreicheres Gelände. Es folgt ein flacher Abschnitt durch die moorigen Kirchseefilze, ehe es über Waldschneisen wieder zunehmend aufwärts geht. Nach einem Anstieg auf einen Hügel erblicken wir schon das Kloster Reutberg, müssen zunächst aber noch eine Abfahrt und einen Bogen links durch den

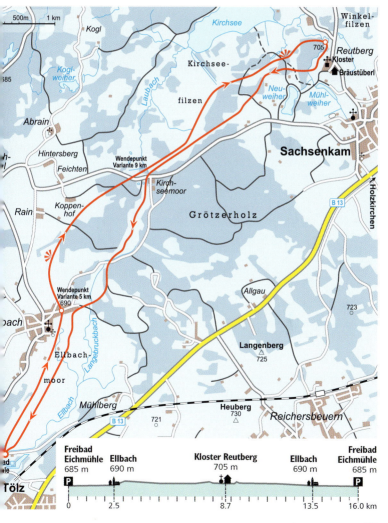

Ein Höhepunkt der Tour: Blick auf Kloster Reutberg.

Wald absolvieren. Bei einem Parkplatz können wir zu Fuß der Straße zum Kloster (Einkehr) folgen. Die Loipe führt rechts unterhalb des Klosters vorbei und bald über einen steilen Anstieg und eine kurze schneidige Abfahrt auf freie Wiesen. Bald nähern wir uns wieder der Hinloipe am Kirchseefilz, überqueren die Straße und gelangen an einem Haus vorbei in eine Waldlichtung. Die Loipe führt uns dann an einem Bach vorbei und passiert über freie Wiesen wieder den Ort Ellbach. Wir bleiben weiter links der Hinloipe und erreichen auf dem letzten Stück durch das Ellbachmoor nahezu eben den Ausgangspunkt.

Oberland

Durchs Hartpenninger Loipenparadies

Zwischen Holzkirchen und Bad Tölz

Die weite, leicht hügelige Landschaft um Groß- und Kleinhartpenning ist wie geschaffen für die Anlage von Langlaufstrecken. Wenn am Ende des Winters der Schnee dahinschmilzt und nicht mehr die ganze Runde gelaufen werden kann, findet man am schattigen Waldrand südöstlich von Großhartpenning meist noch recht gut präparierte Streckenabschnitte.

K
S

KURZINFO

Ausgangspunkt: Parkplatz beim TSV Hartpenning, Piesenkamer Straße 19, 83607 Großhartpenning. Anfahrt: Von der A 8 kommend an Holzkirchen vorbei, in Großhartpenning links ab.
RVO-Bus 9553 Bhf. Holzkirchen – Großhartpenning – Kleinhartpenning.
Weitere Einstiege: 1) Parkmöglichkeiten an der Straße nach Dietramszell (siehe Tour 24). 2) Rast- bzw. Parkplatz an der B 13 südlich von Holzkirchen (gleich nachdem die Abzweigung nach Dietramszell passiert worden ist).
Höhenlage: 695 – 748 m.
Steigungen (kumuliert): 90 Hm.
Streckenlänge/Laufstil: 11,0 km (Klassisch.und Skating)
Laufrichtung: Egal.
Anforderungen: Einige kurze Abfahrten ohne besondere Schwierigkeiten.
Einkehr: Schreinerwirt in Kleinhartpenning (vor dem Anstieg zum Kirchlein nach rechts ins Dorf abzweigen). Nach dem Laufen empfiehlt sich der Neuwirt in Großhartpenning, Tölzer Str. 112.
Hinweis: Spendenkastl des TSV!
Tipp: Dienstags und donnerstags (19 bis 21 Uhr) kann man beim Sportplatz unter Flutlicht laufen (wegen Wildschutz keine Stirnlampen verwenden!).
Information: Aktuelle Loipeninfos auf www.tsv-hartpenning.de/ski-nordisch/informationen.html, Tel. 08041/7867-0.

Bei Kleinhartpenning: die kleine Kirche St. Sebastian (17. Jahrhundert).

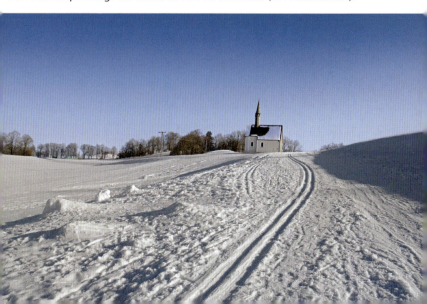

Besonders schneesicher: der Streckenabschnitt am Waldrand nahe dem Sportplatz.

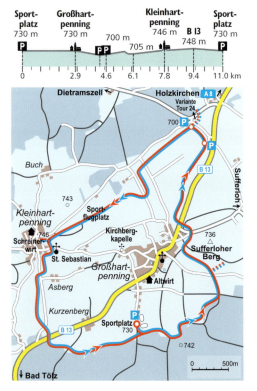

Vom Sportplatz geht es zunächst Richtung Wald. Dort schwenken wir nach links in die querende Loipe ein. Sie schlängelt sich – teilweise auf zwei Trassen aufgeteilt – am Waldrand entlang. Nachdem sie sich davon gelöst hat, bleibt eine manchmal gespurte Abzweigung nach Sufferloh unberücksichtigt; man hält auf einen Hügel, den Sufferloher Berg, zu. Dem weicht unsere Strecke nach links aus, dem Großhartpenninger Ortsrand dann nach rechts. An der Nordostecke des Siedlungsgebietes wird die Sufferloher Straße und gleich darauf (mit abgeschnallten Skiern!) die B 13 überquert. Parallel zur Bundesstraße verläuft die Fortsetzung unserer Strecke mit sanftem Gefälle nach Norden. Bei einem Rast-/Parkplatz (alternativer Einstieg) löst sich die Loipe von der Bundesstra-

Beim Windzeiger des »Sonderlandegeländes« Kleinhartpenning.

ße und erreicht einen weiteren möglichen Einstieg (Ausgangspunkt Tour 24), bei dem die Loipe einen Linksbogen beschreibt.
Unsere Strecke verläuft nun parallel zur Kleinhartpenninger Straße nach Südwesten, bis sie vor einer Baumreihe die Südrichtung aufnimmt. Nach einer Abfahrt geht es nach rechts und damit Richtung Westen. Am Windzeiger des kleinen Sportflugplatzes (Sonderlandegelände, nur Sommerbetrieb) vorbei laufen wir direkt auf Kleinhartpenning zu.
Dort nehmen wir vor dem Ortsrand die Steigung in Angriff, die zur kleinen Kirche St. Sebastian hinaufführt. Die Loipe hält sich weiter an die Siedlungsgrenze und führt damit nach rechts auf eine kurze Abfahrt zu einer schmalen Straße. Davor links, gleiten wir dann parallel dazu Richtung Süden. Die Loipe wechselt die Straßenseite. Später werden dann kurz hintereinander wieder die kleine Straße und die B 13 überquert. Danach leitet die Loipe zum Waldrand, in dessen Schatten der letzte Streckenabschnitt verläuft.

Am Waldstreifen nördlich von Großhartpenning.

Oberland

24 ▸ Im Westen von Holzkirchen

Schleifenreiche Skiwanderung in S-Bahn-Nähe ★

K
S
NC

Direkt am westlichen Ortsrand von Holzkirchen kann man seine Ski in den Schnee setzen – zumindest bei guter Schneelage. Eine perfekt präparierte Hochgeschwindigkeitsloipe darf man aber nicht erwarten. Dazu fehlt hier meist doch die Unterlage. Halb so schlimm, wenn man – wie das überwiegend eher gemütliche Publikum auf diesen Loipen – durch die Landschaft cruised statt zischt.

KURZINFO

Ausgangspunkt: Parkmöglichkeiten (700 m) am Beginn der Straße nach Kleinhartpenning. Anfahrt: Von der A 8 durch 83607 Holzkirchen (Richtung Bad Tölz); südlich des Ortes rechts Richtung Dietramszell und gleich darauf links.
Weitere Einstiege: 1) Parkplatz an der B 13 (s. Loipe 23, weiterer Einstieg 2). 2) Wer mit der BOB oder S-Bahn anreist, kommt vom südlichen Ende des Bahnhofsvorplatzes durch die St.-Josef- und die Andreas-Mitterfellner-Straße in 15 Gehminuten zur Loipe.
Höhenlage: 685 – 705 m, Variante bis 730 m.
Steigungen (kumuliert): 35 Hm.
Streckenlänge/Laufstil: 9,5 km (Klassisch und Skating).
Laufrichtung: Egal.
Orientierung: Keine Beschilderung, aber weitgehend übersichtliches Gelände.
Anforderungen: Problemloses Gelände mit nur wenigen, harmlosen Gefällestrecken.
Nordic Cruising: Oft wenig verdichteter, manchmal auch zerfurchter Schnee, daher sind breitere Cruising-Ski von Vorteil; zahlreiche gemütliche Skiwanderer unterwegs.
Varianten: 1) Verknüpfung mit der Runde von Tour 23; damit kommt man auf eine ausgewachsene 20-km-Unternehmung. 2) Verlängerung der Tour durch einen Abstecher zum Schreinerwirt in Kleinhartpenning. Wer dort gediegen essen und daher anschließend nicht mehr laufen will, wählt (soweit in einer motorisierten Gruppe unterwegs) eine Person aus, die vom Ausgangspunkt mit dem Auto und trockener Kleidung nach Kleinhartpenning fährt. Die Läufer folgen dann der vom Parkplatz nach Südwesten ziehenden Spur und gleiten auf der in Tour 23 beschriebenen Route nach Kleinhartpenning (einfache Strecke 3,2 km).
Einkehr: An der Loipe keine; am Ziel der Variante Schreinerwirt in Kleinhartpenning. Bahnfahrern empfiehlt sich für den Rückweg zum Bahnhof ein kurzer Abstecher zur Pizzeria da Tosto (Münchner Straße 44, 100 m südlich vom Bahnhofsvorplatz).
Information: Touristinfo Tel. 08024/ 642115, www.holzkirchen-tourismus.de.

Variante: auf dem Weg zur abschließenden Einkehr beim Schreinerwirt in Kleinhartpenning.

Gemütliches Skiwandern südwestlich von Holzkirchen.

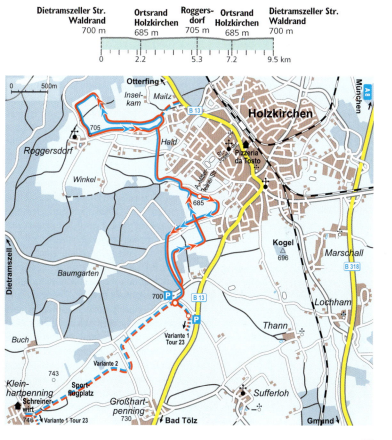

Abseits der maschinell gespurten Strecken gibt es bei Holzkirchen meist auch weitere »kreativ« angelegte Spuren von Ski- und Winterwanderern.

Zunächst überqueren wir die Dietramszeller Straße und wählen die rechte der nach Norden führenden Spuren. Nun geht es am Waldrand entlang zu einem Waldeck. Dort rechts, folgt ein nach Osten führender Abschnitt, bis mit einem Linksknick wieder die Nordrichtung gilt. Bei der folgenden Loipenkreuzung geht es geradeaus weiter. Bald nähert sich die Loipe dem Holzkirchner Ortsrand und damit dem Bereich, in dem die meisten S-Bahn-Fahrer einsetzen. Einer Straße weicht die Spur nach links aus, bald darauf wechselt sie die Straßenseite. Stellenweise mit wenig Schnee geht es an einem Bauernhof vorbei. Kurz darauf folgt ein Rechtsknick. Nach einer sanft ansteigenden Gerade überqueren wir zwei Sträßchen und treffen dann auf eine querende Loipe. Ihr folgen wir nach rechts. Vor dem Siedlungsrand beschreibt unsere Trasse eine Linkskurve und führt anschließend über eine längere Strecke nach Westen.

Nach einem Rechtsknick geht es zum Wald. Dort leiten zwei Linkskurven den Rückweg ein, der zunächst auf Roggersdorf zuführt. Vor dem kleinen Ort links, laufen wir wieder gen Holzkirchen. Noch vor dem Ortsrand zweigen wir rechts ab und gleiten durch schon bekanntes Terrain auf den Bauernhof zu. Auf gleicher Strecke wie zuvor überqueren wir die Straße, halten dann aber die Grundrichtung bei. Nach einer Steigung weicht die Loipe einer Siedlung nach rechts aus und führt schnurstracks nach Westen. Dabei kreuzen wir die zuvor befahrene Loipe. Nachdem die Spur nach links die Straße überquert hat, zieht sie nach Süden und auf der rechten Seite der anfangs befahrenen Lichtung zum Ausgangspunkt.

Wenn bereits gespurt ist, wegen trübem Wetter aber noch wenig Betrieb herrscht, sind die Loipen oft in bestem Zustand.

Oberland

Kapler Alm – Schaftlach

25

Gleiten durch eine parkartige Weidelandschaft

K
S
NC

Wer kennt sie nicht, die Kapler Alm (Kappelschuster) an der Straße von Holzkirchen zum Tegernsee? Ganz in der Nähe dieser beliebten Ausflugsgaststätte ist der Startpunkt zu einer typischen Oberlandloipe. Darauf gleitet man durch sanft-hügeliges Weideland mit einzelnen Gehöften und den für diese Gegend so charakteristischen Baumreihen.

KURZINFO

Ausgangspunkt: Geräumter Parkplatz einige Hundert Meter westlich der Kapler Alm (Kappelschuster 12, Gemeinde 83666 Waakirchen). Anfahrt: Von der A 8-Ausfahrt Holzkirchen auf der B 318 Richtung Tegernsee, noch vor der schon sichtbaren Kapler Alm rechts – also Richtung Schaftlach – abbiegen, gleich darauf nach links auf den Parkplatz.

Weiterer Einstieg: Wer mit dem Zug anreist, fährt mit der Bayerischen Oberlandbahn (BOB) bis Schaftlach und setzt oberhalb des Bahnhofs neben dem Friedhof in eine Loipe ein; diese trifft nach rund 800 Metern nahe einem Bahnübergang auf die beschriebene Hauptroute. Darauf nach rechts!

Höhenlage: 757 m – 775 m.
Steigungen (kumuliert): 80 Hm.
Streckenlänge/Laufstil: 10,0 km (Klassisch und Skating).

Nordic Cruising: Die Klassikloipen nahe der Kapler Alm werden gern von gemütlichen Cruisern befahren, darüber hinaus gibt es auch Möglichkeiten zum Querfeldeinlaufen (aber bitte wirklich nur, wenn reichlich Schnee liegt).

Laufrichtung: Üblicherweise entgegen dem Uhrzeigersinn.

Orientierung: Mehrere Varianten, Abkürzungen und Abzweigungen in der reich gegliederten Landschaft voller Gelände- und Bewuchsvariationen können etwas verwirrend wirken. Solange kein Nebel herrscht, findet man aber ohne größere Probleme wieder zurück.

Anforderungen: Einige Abfahrten erfordern bei schnellem Schnee eine stabile Skiführung und etwas Kurventechnik.

Einkehr: Imbiss am Ausgangspunkt. Für ein gediegenes Essen lockt die Kapler Alm nahe dem Ausgangspunkt. Wer am Bahnhof Schaftlach startet, kann die Tour im Gasthaus Kramerberg in Schaftlach, Buchkogelstr. 9, ausklingen lassen (gut 150 m südlich der Loipe).

Varianten: 1) Wenn man auf die Schleife über Schaftlach verzichtet (interessant v. a. bei knapper Schneelage, weil dann die Waldpassage in schlechtem Zustand sein kann), bleibt es bei 5,5 km und 45 Hm Steigungen; dazu zweigt man unter dem Stelzerhof nach links ab; so gelangt man bald darauf in die Nähe des Bahnübergangs der B 472 und damit wieder auf die hier als Hauptroute beschriebene Strecke. 2) Siehe weiterer Einstieg. 3) Verknüpfung mit Loipe 26.

Information: Gemeinde Waakirchen-Schaftlach, Tel. 08021/9028-25; Kapler Alm 08021/50590, www.kapleralm.de.

Bei Berg, Blick zum Kappelschuster.

Am Hügel bei Hirschstätt. Blick über die BOB und Schaftlach Richtung Westen.

Beim Imbiss starten wir nach rechts auf den flachen Loipenabschnitt. Die Strecke weicht bald einem Wald nach links aus und erreicht dann eine Baumreihe, die wir nach rechts queren. Bei der folgenden Wegkreuzung biegen wir nach rechts ab. Unter dem Stelzerhof ignorieren wir die linke Loipe (Variante 1) und ziehen geradeaus Richtung Schaftlach. In einem kurzen, oft schneearmen Waldstück wird die Zufahrt zum Stelzerhof überquert. Später kreuzt die Spur eine Kreisstraße (abschnallen!) und schlängelt sich dann in eleganten Windungen durch ruhiges Bauernland auf einen Hügel bei der Hofgruppe Hirschstätt – ein Platz, an dem es sich wohl niemand nehmen lässt, erstmal die Aussicht auf sich wirken zu lassen (Bild oben). Nach der flotten Abfahrt wird die Bahnstrecke Holzkirchen – Tegernsee gekreuzt und gleich darauf eine Loipenverzweigung erreicht. Von rechts mündet die Zubringerloipe vom Bahnhof Schaftlach (alternativer Einstieg), wir laufen parallel zu einer Straße geradeaus auf den Ortsrand von Schaftlach zu. Nach links geht es dann über die Straße

Typische Baumreihe bei Berg.

Oberland

zum südlichen Ortsrand. Kurz nachdem wir den Ort hinter uns gelassen haben, schwenken wir neben einer weiteren Straße auf die nach links führende Loipe ein. Sie schlängelt sich durch sanft-hügeliges Gelände (Bild rechts). Nach einer Gefällestrecke mit Linksdrall kommt man zu einer Verzweigung: Rechts zweigt eine Verbindungsloipe nach Hauserdörfl ab, nach links führt unsere Strecke wieder etwas bergan. Es folgt ein Bogen nach rechts um einen Wald herum, dann nähert sich die Trasse der Bahnlinie. Gleich nachdem der Keilshof passiert wird, trifft man auf die Bundesstraße 472. Darauf nach links, wird mit abgeschnallten Skiern der Straßen-Bahnübergang benutzt. Gleich darauf setzen wir links der Straße wieder in die Loipe ein. Wir folgen ihr nach rechts und fahren durch zwei Baum-

Südlich von Schaftlach.

reihen um einen Kiesabbau herum. So treffen wir bald auf eine Loipenkreuzung, die uns bekannt vorkommen müsste. Dort zweigen wir rechts ab, um auch das letzte Stück weiter auf »Neuland« zurücklegen zu können: Wir durchqueren eine weitere Baumreihe und ziehen in einem weiten Bogen auf eine lange Gerade, die den Weiler Berg passiert. Nach einem Rechtsbogen leitet ein Linksknick eine abschließende, bei schnellem Schnee durchaus rasante Schussfahrt ein, die zum Ausgangspunkt hinunterführt. Die Skifreunde, die sich schon am Kiosk laben, werden die Abfahrt und den abschließenden Einkehrschwung genau beobachten – und die Performance mit einem langen »whohauoo« oder einem amüsierten Gelächter kommentieren …

Die schnelle, abschließende Kurve vor den »Zuschauerrängen« am Kiosk.

Oberland

26 Schaftlach – Sachsenkam

Strecken mit Bahnanschluss nordöstlich von Bad Tölz

K
S
Zwischen Schaftlach, Waakirchen und Sachsenkam erstreckt sich eine wunderbare, reich gegliederte Landschaft mit Wiesen, Wäldern und Mooren, die im Winter besonders zauberhaft ist. Um diese zu erleben, braucht man kein Auto: die Bayerische Oberlandbahn verbindet München mit diesem Langlaufparadies im Alpenvorland.

KURZINFO

Ausgangspunkt: 83666 Schaftlach, Bahnhof der Bahnstrecke München – Holzkirchen – Bad Tölz, bedient durch die Bayerische Oberlandbahn (BOB).
Weitere Einstiege: 1) Rast-/Parkplatz an der B 13 Holzkirchen – Bad Tölz südlich von 83679 Sachsenkam. 2) Gewerbegebiet Waakirchen, Brunnenweg.
Höhenlage: 715 m – 765 m.
Steigungen (kumuliert): 80 Hm.
Streckenlänge/Laufstil: 21,0 km (Klassisch und Skating).
Laufrichtung: Egal.
Orientierung: Nicht durchgängig beschildert, Orientierungssinn vorteilhaft.
Anforderungen: Überwiegend flaches Gelände; nur kurze, harmlose Gefällestrecken.
Varianten: 1) Wer mit dem Auto anreist und an der B 13 parkt, kann sich auch auf die Schleife bei Sachsenkam beschränken (4,4 km). 2) Waakirchner Loipen, zusätzliches, leichtes Loipengeflecht von gut 3 km Länge, Einstieg auch beim Gewerbegebiet Waakirchen. 3) Verknüpfung mit der Tour 25.
Einkehr: Gasthaus Kramerberg in Schaftlach, Buchkogelstr. 9 (nahe dem Ausgangspunkt, gut 150 m südlich der Loipe).
Information: Gemeinde Waakirchen-Schaftlach, Tel. 08021/9028-25; Verkehrsverein Sachsenkam, Tel. 08021/7608.

Vom Bahnhof gehen wir hinauf zum Friedhof (am Michael-Schreiber-Weg). An dessen Südwestecke befindet sich der Loipeneinstieg. Die Strecke überquert die Bruchkogelstraße und zieht nach Westen hinaus. Vor einem Bahnübergang – wo die Strecke von Berg einmündet (siehe Loipe 25) –, wenden wir uns nach rechts und laufen parallel zu einer Straße geradeaus. Bald geht es nach links über die Straße zum südlichen Ortsrand von Schaftlach. Kurz vor der nächsten Straße zweigt die Loipe nach Berg/Kappelschuster links ab. Wir überqueren die Straße und laufen über einen sanften Hügel, um dann zur Bahnstrecke Holzkirchen – Bad Tölz hinabzugleiten. Davor links, geht es zwischen Gleisen und Wald zum Waa-

Weiche Loipe südlich von Sachsenkam.

kirchner Gewerbegebiet (alternativer Einstieg, Zugang zu den Waakirchner Loipen, Variante 2). Am Bahnübergang wechseln wir auf die andere Seite der Gleise. An einem Hof vorbei geht es nun auf einer großen Lichtung nach Westen. Nach einem längeren Streckenabschnitt neben der Bahnlinie folgt ein scharfer Rechtsknick der Loipe. Sie zieht dann am Angerbach vorbei auf eine Folge von Lichtungen. Nach zwei ganz kurzen Waldpassagen verzweigen sich die Spuren – wir laufen geradeaus. Der

Waldschneisen und -lichtungen im Allgau.

haftlach 4 m	Gewerbegebiet Waakirchen 742 m	Angerbach 723 m	Rastplatz B I3 716 m	Sachsenkam 720 m	Rastplatz B I3 716 m	Angerbach 723 m	Gewerbegebiet Waakirchen 742 m	Schaftlach 764 m
0	2.9	5.0	7.7	10.5	12.1	15.1	17.2	21.0 km

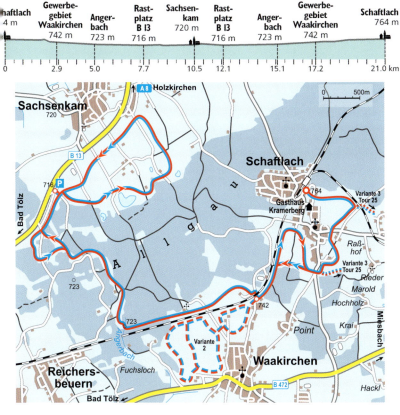

Stille Waldlandschaften zwischen Waakirchen und Sachsenkam.

Am Angerbach.

B 13 weichen wir nach rechts aus und gelangen so zu einem Rast-/Parkplatz (alternativer Einstieg), wo sich die Spuren wieder verzweigen. Wenn wir hier rechts fahren und eine links abzweigende Spur ignorieren, kommen wir bald an einer Senke mit einem fast verlandeten See vorbei. Ausgesprochen reizvoll schlängelt sich die Loipe dort durch den südlichen Teil der Sachsenkamer Rodungsinsel, bevor sie auf ein Siedlungs- und Gewerbegebiet von Sachsenkam zuführt. Dem weicht die Strecke nach links aus. Über einen Hügel und einige Fahrwege hinweg gleiten wir wieder zum Parkplatz an der B 13.

Weiter parallel zur Straße laufend, nehmen wir erst die zweite Abzweigung nach links. Das beschert uns eine kleine Schleife auf »Neuland«. Bald sind wir aber wieder auf dem Herweg, der die Strecke bis kurz vor Schaftlach vorgibt. Nach dem Waldstück beim Waakirchner Gewerbegebiet bleiben wir noch etwas länger neben den Gleisen – damit ergibt sich noch eine Zusatzrunde am Kühberg südwestlich von Schaftlach. Diese vereinigt sich bei der Kreisstraße wieder mit der Strecke vom Beginn der Tour.

Loipe und BOB – zusammen ergeben sie ein reizvolles »Ausflugspaket«.

Isarwinkel

Lenggries – Schlegldorf

27

Ein Platz an der Sonne ★

Ebenso wie bei den alpinen Skifahrern die Pisten am Brauneck hoch im Kurs stehen, sind bei den nordischen Skiläufern auch die Loipen am Bergfuß über Lenggries heiß begehrt. Langläufern aller Couleur erlauben es verschiedene Varianten, die hier vorgeschlagene und meist als erste gespurte Standardtour über Schlegldorf noch zu verkürzen oder zu erweitern.

K
S

KURZINFO

Ausgangspunkt: 83661 Lenggries, Gilgenhöfe. Der Beschilderung folgend zur Brauneckbahn und zu den Langlaufparkplätzen unterhalb der Talstation.
Vom Bahnhof Lenggries nordseitig über Isarbrücke, Wegscheider Straße und Bergbahnstraße zum Parkplatz (ca. 1,2 km).
Höhenlage: 690 – 740 m.
Steigungen (kumuliert): 110 Hm.
Streckenlänge/Laufstil: 10,0 km Klassisch, 8,0 km Skating.
Laufrichtung: Im Uhrzeigersinn.
Orientierung: Stets durch kleine farbige Schilder ausgeschildert (für diese Tour »rot« bzw. »violett« für die Skatingspur).
Anforderungen: Bis auf eine etwas steilere Abfahrt ist die Loipe nur sanft geneigt. Die Skatingspur, die teils separat verläuft, enthält mehr und etwas schwierigere Aufstiege und Abfahrten. Besonders der erste Teil der Loipe ist oft stark frequentiert.
Varianten: 1) Im Norden entlang dieser Tour: Das erste Stück der Tour lässt sich über die blaue Markierung auf eine leichte 5-km-Runde (Klassisch und Skating) verkürzen. Bei guter Schneelage lässt sich die Tour nordseitig über Arzbach (gelbe Markierung) auf 16 km verlängern (nur Klassisch, keine zusätzlichen Schwierigkeiten). 2) Südloipe: Sie beginnt (schwarz markiert) beim Parkplatz in die genau andere Richtung und führt zunächst zu den Skiliften am Draxlhang bei Wegscheid und dann zum Schwarzenbachtal. Die insgesamt 14 km lange Runde (Klassisch und Skating) ist nur wenig anspruchsvoller als die Nordloipen. Der erste Teil bis Wegscheid, der als eigene Runde absolviert werden kann, ist leicht.
Hinweis: Die Loipenbezahlautomaten weisen auf eine freiwillige Gebühr hin. Die vorbildliche Pflege der Loipen in Lenggries sollte den Obolus wert sein.
Einkehr: Am Ausgangspunkt (Restaurant Brauneck's) und etwas oberhalb an der Brauneck-Talstation. Unterwegs keine Einkehr (nur an den Varianten nach Arzbach und Richtung Süden bei Wegscheid).
Information: Aktueller Schneebericht auf www.lenggries.de/de/schneebericht-1, Tel. 08042/5008-802.

Eher belebt als einsam – aber trotzdem schön: die Lenggrieser Loipen.

Zu Füßen des Skigebiets am Brauneck verlaufen die Lenggrieser Loipen.

Isarwinkel

Direkt gegenüber dem Parkplatz (rechts der Straße in Bergrichtung) beginnt die Loipe und führt bald links haltend (alle farbigen Schilder) leicht ansteigend in Richtung der Skilifte am Brauneck. Halb rechts geht es leicht abwärts, dann im leichten Auf und Ab zur Abzweigung der blau-grünen 5-km-Runde.

Wir folgen den roten und orangefarbenen Schildern geradeaus. Nach einem steilen Anstieg geht es an einer Hütte vorbei und weiter mit leichten Anstiegen und Abfahrten (eine ist etwas steiler) durch die freien hügeligen Wiesen direkt am Bergfuß. Bei einer weiteren Hütte wendet sich die Loipe scharf rechts und führt über einige flotte, aber nur sanft geneigte Abfahrten hinunter in den Talgrund. Die Skatingspur hält sich hier rechts über weiteres Auf und Ab am Bergfuß. Die klassische Spur führt weiter in Richtung auf das Örtchen Schlegldorf (links die orange markierte Abzweigung zur Variante nach Arzbach).

Wir absolvieren eine flache Schleife oberhalb von Schlegldorf und wenden uns dann links haltend Richtung Süden, wieder in Nähe der Skatingspur. Nun geht es wieder direkt parallel zu dieser und bald auch in Nähe der schon bekannten Loipen, weiter sanft geneigt, zurück zum Ausgangspunkt.

Isarwinkel

28 Durch die Jachenau

Schneeloch hinter Lenggries

K
S
NC

Ein sanftes, stilles, schneereiches Tal mit kleinen Weilern und schmucken Höfen erstreckt sich westlich von Lenggries in den Bayerischen Alpen – die Jachenau. Eine völlig unschwierige Loipe sollte man dort nicht erwarten – vielmehr eine abwechslungsreiche Tagestour für konditionsstarke Genießer.

KURZINFO

Ausgangspunkt: 83676 Jachenau, Tannern, Parkplatz am Kiosk »Beim Dannerer«. Von Lenggries Richtung Fall und rechts zur Jachenau abzweigen, ca. 7 km nach der Abzweigung links der Kiosk.
Weitere Einstiege: Weiter talein bei den Weilern Petern und Bäcker und in Jachenau-Dorf.
Höhenlage: 720 – 770 m.
Steigungen (kumuliert): 120 m.
Streckenlänge/Laufstil: 22,0 km (Klassisch und Skating).
Laufrichtung: Im Uhrzeigersinn.
Orientierung: Klar gekennzeichnet, Skating teils separat.
Anforderungen: Weite Teile der Loipe verlaufen sehr sanft, doch gibt es auch etliche kleinere Anstiege und Abfahrten. Kondition ist erforderlich.
Varianten: 1) Beim Wendepunkt an der oberen Höfener Brücke (siehe Text) lässt sich die Runde auf ca. 13 km verkürzen (in diesem Fall ist ein Start im Ort Jachenau am Talende sinnvoll). 2) Wer im Ort Jachenau die gesamte Dorfrunde läuft, erhält noch einen leichten Bonus von 3 km (Klassisch und Skating). 3) Sehr konditionsstarke Läufer können von Tannern talaus bis zum Ortsteil Leger und zurück die Runde um weitere 12 km verlängern (mittelschwer, Klassisch und Skating).
Nordic Cruising: Durch die gesamte Jachenau bieten sich abseits der Loipe auf den großräumigen Freiflächen zwischen den Ortsteilen und den wenigen Waldstücken zahlreiche Möglichkeiten für Nordic Cruising (es empfiehlt sich dann zur besseren Orientierung in Nähe der Weiler Tannern, Höfen oder dem Dorf Jachenau zu bleiben).
Hinweis: Tafeln (z. B. beim Ausgangspunkt am Gasthaus) mit Angabe der Verkaufsstellen weisen auf eine freiwillige Benutzungsgebühr von 3 Euro hin.
Einkehr: Am Ausgangspunkt »Beim Dannerer«; im Ort Jachenau der Gasthof Jachenau; in Bäcker (alternativer Einstieg) das Café Am Sattel.
Information: www.jachenau.de (»Wintersportbericht«). Tel. 08043/ 919891.

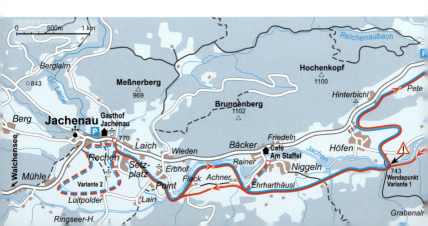

Am westlichen Wendepunkt bei Jachenau-Dorf.

annerer	Wendepunkt oberhalb Höfen 743 m	Jachenau 755 m 770 m 755 m	Wendepunkt oberhalb Höfen 743 m	Beim Dannerer 720 m
	6.0	9.5 11.1 12.7	16.2	22.0 km

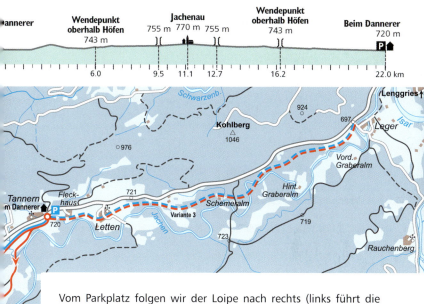

Vom Parkplatz folgen wir der Loipe nach rechts (links führt die Variante nach Leger). Bei der nächsten Verzweigung führt die klassische Spur nach links, die Skatingstrecke rechts (entlang der Klassik-Rückloipe).

Für die Klassiker geht es nun über Wiesen und am Waldrand, unterbrochen von kurzen Abfahrten, und schließlich auf einer Brücke über den Fluß Jachen. Es folgt ein längerer sanfter Anstieg bis an den Bergfuß, ein kurzes Waldstück und eine leichte Abfahrt rechts hinab. Fast eben geht es nun über die Wiesen am Fuße der Rotwand und in Nähe des Flussbetts durch Wald wieder bergauf und bergab zum Wendepunkt oberhalb an der oberen Höfener Brücke

Isarwinkel

Prächtige Höfe und der Blick aufs Estergebige erfreuen das Auge.

– hier setzt nach rechts die Variante 1 an. Die Skater laufen von der Anfangsverzweigung entlang der Klassik-Rückloipe zum Weiler Hinterbichl, über kurzen Anstieg und Abfahrt nach Höfen, dort links weiter in weitem Bogen zum Fluss, über eine Brücke und zum Wendepunkt, dort nach rechts.

Vom Wendepunkt geht es nun gemeinsam geradeaus im Auf und Ab zwischen Wald weiter, schließlich wieder abwärts auf freie Wiesen. Fast eben laufen wir nun taleinwärts (die Skatingspur verläuft nicht immer parallel). Bei einer Loipentafel (rechts die Rückloipe) gerade weiter zu einer Gemeindestraße und auf ihr rechts über die Brücke. Nach ihr geht es links zwischen Häusern weiter bis zu einer Verzweigung (links die Variante 2, Dorfrunde). Rechts erreichen wir rasch das Dorfzentrum mit Einkehrmöglichkeiten. Zurück laufen wir auf der Hinloipe bis zur Brücke am Ortsrand und zur Loipentafel kurz danach. Hier geht es links haltend und über Wiesen, dann wieder rechts haltend zur Hinloipe und an ihr links (Schild »große Runde«). Entlang der Hinloipe laufen wir aufwärts in den Wald und auf und ab zum Wendepunkt an der oberen Höfener Brücke. Hier links (!) über die Jachenbrücke (Loipentafel, die Skater kamen auf ihrer Hinspur hier herauf). Es folgt der große Rechts-Links-Bogen zum Weiler Höfen. Bei der Straße folgt rechts ein kurzer Anstieg und anschließend kurzes Abfahren in Straßennähe. Danach geht es die letzten Kilometer fast eben an schmucken Weilern vorbei zurück nach Tannern.

Karwendel

Durch den Großen Ahornboden in die Eng 29

Die Karwendelloipe, eine Langlauftour der Extraklasse ★★★

K
NC

Wenigstens im Winter und Frühjahr ist die Straße von Hinterriß zum Großen Ahornboden für Autos gesperrt. Eine schneesichere Loipe führt dann ganz hinter in die Eng, bis unter die mächtigsten Karwendelwände. Großartige Eindrücke bietet vor allem der zweite Teil der Hinloipe, sodass sich das Durchhalten auf der doch sehr langen Tour absolut lohnt.

KURZINFO

Ausgangspunkt: A-6215 Hinterriß in Tirol, Parkplatz am Ortsausgang Richtung Eng, Anfahrt über Bad Tölz, Lenggries, Fall und Vorderriß; nach Hinterriß liegt der Parkplatz kurz nach dem Loipenstart links.
Weiterer Einstieg: Ca. 1 km weiter an der Straße am Herzoglichen Alpenhof.
Höhenlage: 940 – 1220 m.
Steigungen (kumuliert): 340 Hm.
Streckenlänge/Laufstil: 28,0 km Klassisch.
Laufrichtung: Hin- und Rückloipe sind gleich, zum Teil je nur eine Spur.

Orientierung: Problemlos.
Anforderungen: Steile Abschnitte gibt es nicht, doch die große Länge und kontinuierliche Steigung auf der Hinloipe fordert viel Kondition.
Einkehr: Entlang der Loipe keine, in Hinterriß der Gasthof Post.
Nordic Cruising: Die weiten Schneeflächen nach den Hagelhütten Richtung Eng eignen sich für die eigene Spur. Auf die Ahornbestände achten!
Tipp: Weniger schattig wird die Loipe ab Februar. Normalerweise ist sie bis weit in den März hinein schneesicher.
Information: Loipeninfos auf www.post-hinterriss.info (Menüpunkt »Karwendelloipe«); Tel: +43/(0)5245/206.

Der erste knorrige Ahorn grüßt auf dem Weg am Sonnjoch vorbei.

Karwendel

An der rechten Straßenseite beginnt die Loipe. Sie führt uns einige Zeit erstmal nur leicht ansteigend in der Nähe des Rißbachs tiefer hinein in das Tal. Wir laufen dann an der meist zugeschneiten Straße entlang, ehe die Loipe in einer Rechtskurve hinab zu einer Brücke führt. Dieses Stück kann gern vereist und damit etwas knifflig sein (!). Nun geht es wieder sanft dahin, zunehmend in der Nähe des Bergfußes am Falkenmassiv. Bis auf einen kurzen Anstieg und eine Abfahrt rechts oberhalb des Flusses bleibt die Steigung der Loipe sehr sanft. Ein wenig steiler steigen wir dann an zu den verträumten Hagelhütten, die einen herrlichen Rastplatz bieten.

Das bis dahin schon großartige Panorama von Bettlerkarspitze, Schaufelspitze und Sonnjoch erweitert sich auf dem Weiterweg Richtung Süden noch mehr. Die ersten knorrigen Ahornbestände begleiten uns, schließlich passieren wir nach kurzer sanfter Abfahrt den Großen Ahornboden mit bis zu 500 Jahre alten Baumbeständen. Ganz hinten im Talboden, der noch etwas leichten Anstieg erfordert, erreichen wir dann die einsam verschneiten Engalmen. Im Herzen des »urweltlichen Gebirgs« (Hermann von Barth) blicken wir auf gigantische Felsbarrieren. Im Sommer treffen hier scharenweise Busreisende ein, im Winter gehört dieser großartige Platz der Natur und den Langläufern.

Den Rückweg laufen wir entlang der Hinloipe.

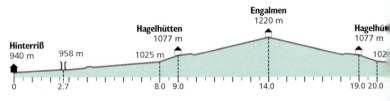

Im Rißbachtal: Endspurt auf der Strecke zum Großen Ahornboden und in die Eng.

Achensee / Karwendel

30 Falzthurn- und Gramaialm bei Pertisau

Die Paradeloipen hinterm Achensee

K
S
NC

Die Loipe zur Gramaialm darf getrost zu den schönsten in diesem Führer gezählt werden. Eine perfekt gepflegte vielspurige Bahn zieht das sanfte Tal kilometerweit hinauf und wieder schwungvoll hinunter – vorbei an schmucken Einkehralmen und vor der großartigen Kulisse felsiger Karwendelriesen.

KURZINFO

Ausgangspunkt: A-6213 Pertisau, Parkplatz am Loipenzentrum. Anfahrt über die A 8, Ausfahrt Holzkirchen, über Tegernsee, Achenpass und Achenkirch nach Maurach; dort rechts nach Pertisau. Am Ortsbeginn von Pertisau links einbiegen, Richtung Golfplatz und ganz bis zum Straßenende fahren.
Höhenlage: 970 – 1260 m.
Steigungen (kumuliert): 300 Hm.
Streckenlänge/Laufstil: 14,0 km (Klassisch und Skating).

Bis Januar schattig: die Gramaialm unter der imposanten Lamsenspitze.

Laufrichtung: Der Kurs ist im Uhrzeigersinn markiert.
Orientierung: Gut beschildert.
Anforderungen: Obgleich die Loipe in den Karten teils blau deklariert ist, erfordert der lange Anstieg Kondition und die lange, wenngleich meist sanfte Abfahrt Stehvermögen. Steile Abschnitte gibt es kaum.
Varianten: Vom Loipenparkplatz ausgehend gibt es neben der leichten Übungswiese (2 km) und der leichten Dorfloipe (4,0 km, Klassisch und Skating) zwei weitere wunderschöne Rundkurse: 1) Bis zur Pletzachalm und zurück. Von der Pletzachalm kann die Tour bis hinauf zur Gernalm auf insgesamt 10 km verlängert werden (mittelschwer). 2) Ein steiler, schwieriger Kurs startet in die Tristenau: insgesamt 7 km hin und zurück, nur Klassisch (anfangs ein 2-km-Skatingteil).
Hinweis: Loipenbenutzungsgebühr 5 Euro inkl. Parkplatz.
Tipp: Mehr Sonne, vor allem ganz oben an der Gramaialm, bietet das im Hochwinter ziemlich schattige Tal erst ab Ende Januar.
Nordic Cruising: Schöne Möglichkeiten abseits der Loipe.
Einkehr: Nach der Hälfte des Aufstiegs die Falzthurnalm, am Wendepunkt ganz oben der Alpengasthof Gramaialm.
Information: www.achensee.info. Tourismus Pertisau: Tel. +43/(0)5243/43070.

Im flachen Mündungsbereich des schneesicheren Falzthurntals.

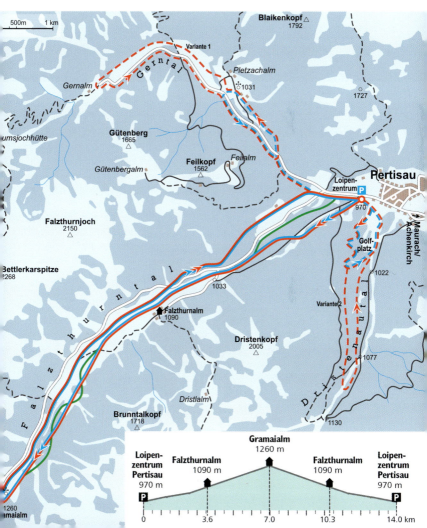

Blick über den Achensee auf Pertisau und das Karwendel.

Vom Parkplatz aus verzweigt sich das perfekt ausgeschilderte Pertisauer Loipennetz. Wir folgen dem Schild »Falzthurn-Gramai«. Die klassisch vierspurige Loipe führt durch Baumgruppen und Wiesen in das Falzthurntal hinein, im Hintergrund grüßen bereits die ersten felsigen Karwendelriesen, allen voran das mächtige Sonnjoch. Wir steigen nun kontinuierlich leicht an, unterbrochen von zwei Senken mit kurzer Abfahrt und Gegenanstieg. Etwas steiler passiert unsere Loipe die bewirtschafteten Falzthurnalmen. Dann wird die Steigung wieder sanfter, nur wenige Bäume trüben den Blick auf den Talhintergrund mit der Lamsenspitze. Nach sieben Kilometern ist der hinterste Talboden erreicht, das großzügig ausgebaute Berggasthaus an den Gramaialmen lädt zur Einkehr. Zurück führt die Loipe in Nähe der Hinloipe, wobei eine 7 km lange, kaum unterbrochene und überwiegend sanfte Abfahrt wartet!

Sehenswerter Bauernhof in Pertisau.

Achensee / Rofan

Guffertloipe Achenkirch – Steinberg

31

Der Geheimtipp vor dem Achensee ★★

Im Loipenmekka am Achensee zählt diese Loipe sicher zu den schönsten und doch nicht überlaufenen Strecken. Die mächtige Felspyramide des Guffert ziert den Hintergrund, und viel Auf und Ab fordert den konditionell guten Läufer.

K

KURZINFO

Ausgangspunkt: Parkplatz am Almgasthof Huber, Nr. 503, A-6215 Achenkirch. Der Gasthof liegt nördlich von Achenkirch, direkt an der Abzweigung der Straße nach Steinberg. Anfahrt über den Achenpass wie bei Loipe 25.
Weiterer Einstieg: In Achenkirch beim Fernwärmekraftwerk.
Höhenlage: 900 – 1040 m.
Steigungen (kumuliert): 350 m.
Streckenlänge/Laufstil: Hin und zurück 18,0 km Klassisch (vom Wendepunkt Steinberg Busrückfahrt möglich).
Laufrichtung: Hin- und Rückloipe sind gleich, jeweils eine Spur.
Orientierung: Eindeutig.
Anforderungen: Viele Anstiege und Abfahrten fordern Kondition. Es gibt jedoch kaum wirklich steile Abschnitte.
Varianten: Im Mittelteil die schwierige Variante »Pulverermahd«, die rechts oberhalb der Guffertloipe verläuft und später wieder zu ihr einbiegt. Skatingloipen befinden sich in Steinberg und Achenkirch in Ortsnähe.
Nordic Cruising: Möglichkeiten im Ober- und Unterautal (neben oder nach den dortigen Loipen) westlich von Achenkirch.
Einkehr: Am Ausgangspunkt Almgasthof Huber und am Wendepunkt in Steinberg nach 9 km das »Waldhäusl«.
Information: Aktuelle Loipeninformationen auf www.achensee.info. Tourismus Achenkirch: Tel. +43/(0)5246/53210, E-Mail: achenkirch@achensee.info.

Die mächtige Felspyramide des Guffert ist der Namenspatron der Loipe.

Achensee / Rofan

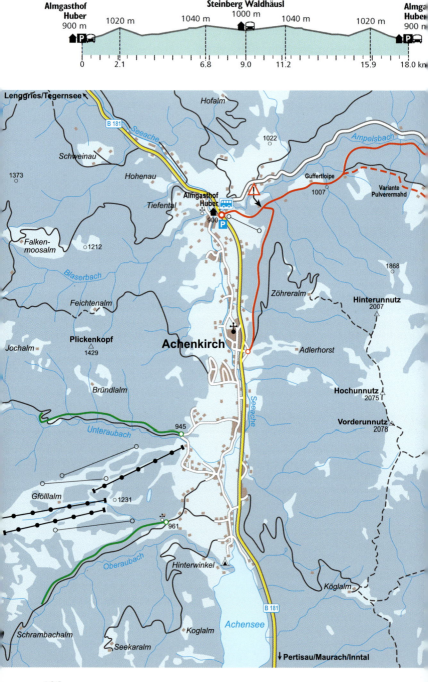

Achensee / Rofan

Rechts des Parkplatzes geht es kurz steil bergauf. Hinter einem Schild beginnt die Loipe. Zunächst laufen wir kurz bergauf, dann kurz abwärts mit enger Kurve (!). Es wartet ein kontinuierlicher sanfter Anstieg, der von wenigen Flachstücken, kurzen Abfahrten oder kurzen, etwas steileren Stücken unterbrochen wird. Im Hintergrund thront imposant die namensgebende Felspyramide des Guffert. Bei einer Abzweigung (geradeaus beim Schild »Öbf« läuft die nicht extra beschilderte Pulverermahd-Variante), weist die Guffertloipe nach links und geht gleich in eine recht zügige Abfahrt durch den Wald über. Danach laufen wir meist auf und ab, durch Waldstücke, Wiesen, teils in Nähe des Baches und der gegenüber verlaufenden Straße. Beim Ortseingang von Steinberg verläuft rechts die Skatingspur der Dorfloipe. Wir halten uns links, ein Stück direkt an der Straße entlang. Wo die Loipe rechts abwärts biegt und in den klassischen Teil der Dorfloipe übergeht, ist unser Wendepunkt. Wer mit dem Bus zurückfahren will, findet hier gleich links an der Straße eine Haltestelle. Wer einkehren möchte, geht an der Straße ein kurzes Stück weiter, dann links über eine kleine Seitenstraße zum Waldhäusl. Zurück laufen wir, mit wenigen kleinen Abweichungen, entlang der Hinloipe.

Blick von Steinberg auf die recht schattige Nordseite des Rofangebirges.

Tegernseer Tal

32 Klamm – Bayerwald – Glashütte

Schneesicherer Klassiker hinterm Tegernsee

K
S
NC

Die Weißach – der Hauptzufluss des Tegernsees – macht bei Wildbad Kreuth einen rechtwinkligen Knick. Oberhalb davon verlaufen der Wildbach und sein tief eingeschnittenes Tal in West-Ost-Richtung. Damit schützen die Blauberge und ihre Trabanten den Talboden im Winter recht gut vor der Mittagssonne – beste Voraussetzungen für ein schneesicheres Langlaufrevier. Einziger Wermutstropfen ist der »Sound« der hier an Wochenenden recht zahlreich durchs Tal brausenden Autos.

KURZINFO

Ausgangspunkt: Parkplatz Klamm (mit Umkleiden und Duschen) im Weißachtal. Zufahrt von der A 8 (Ausfahrt Holzkirchen) nach Gmund, dort rechts über Bad Wiessee oder geradeaus über Tegernsee und Rottach-Egern nach 83708 Kreuth; weiter an Wildbad Kreuth vorbei zum Parkplatz Klamm.
Der RVO-Bus 9556 ab dem Bhf. Tegernsee steuert alle Einstiegsmöglichkeiten an.
Weiterer Einstieg: Parkplatz gegenüber dem Gasthaus Bayerwald.
Höhenlage: 825 – 890 m.
Steigungen (kumuliert): 80 Hm.
Streckenlänge/Laufstil: 11,0 km (Klassisch).
Laufrichtung: Wo die Spuren getrennt verlaufen, ist es üblich, entgegen dem Uhrzeigersinn zu laufen.
Orientierung: Problemlos.

Anforderungen: Leichte Loipe, nur westlich von Bayerwald etwas wellig.
Varianten: 1) Skatingpisten zwischen Klamm und Bayerwald nördlich der Straße: eine knapp 1 km lange leichte Runde und eine gut 2,5 km lange schwierige Strecke. 2) Verknüpfungsmöglichkeit mit Loipe 28: Wer in Kreuth startet, kommt damit hin und zurück auf über 22 km.
Nordic Cruising: Zwischen Klamm und Bayerwald kann man bei guter Schneelage auch zwischen den gespurten Strecken durch den Schnee pflügen.
Einkehr: Gasthäuser in Bayerwald und Glashütte, Trifthütte zwischen Bayerwald und Klamm. Bei der Heimfahrt das unvergleichliche Tegernseer Bräustüberl (u. a. mit sehenswerter Gewölbedecke).
Information: Tourist-Information Kreuth, Tel. 08029/1819, www.kreuth.de (u. a. mit aktuellen Wetterdaten); Schneebericht/Loipenzustand: www.tegernsee.com/service/wetter/schneebericht.html.

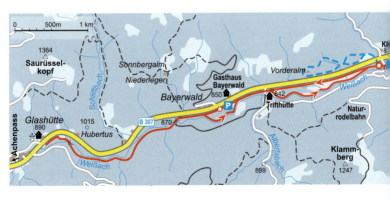

Die bewirtschaftete Trifthütte an der Loipe zwischen Bayerwald und Klamm.

Vom Parkplatz starten wir nach Westen und halten uns an die rechte, straßennähere Loipe. Bei der Trifthütte vereinen sich Hin- und Rückloipe. Auf Höhe vom Gasthof Bayerwald folgen wir der rechten Spur und laufen unter dem Parkplatz vorbei, bevor die Streckenführungen wieder zusammenlaufen. Bald nach dem Gebäude einer Straßenmeisterei (sonnige Rastmöglichkeit an dessen ruhiger Südseite) wechselt die Loipe die Bachseite und führt durch eine wildromantische Landschaft abseits der Straße. Über die folgende Brücke wechseln wir wieder das Ufer und erreichen kurz darauf das Loipenende bei Glashütte. Auf der anderen Seite der Bundesstraße lockt der Gasthof Glashütte zur Einkehr.

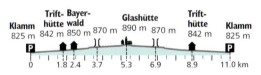

Am Wendepunkt: das Gasthaus Glashütte.

Auf dem Rückweg benutzen wir zunächst die gleiche Strecke. Kurz vor Bayerwald und nach der Trifthütte wählen wir jedoch die rechte Spur, die näher an der jungen Weißbach verläuft und neue reizvolle Landschaftseindrücke vermittelt.

Tegernseer Tal

33 ▶ Kreuth – Wildbad Kreuth – Klamm

Klausurtagung? Lieber ein Tag in der Natur!

K *Jedes Jahr wieder macht die Klausurtagung einer bayerischen Partei Schlagzeilen. Sie findet jeweils im Januar im Schloss Wildbad Kreuth statt und so flimmern Fernsehbilder ins Wohnzimmer, die nicht nur ganz wichtige Leute zeigen, sondern meist auch viel glitzernden Schnee. Dieser macht Lust, aus der matschigen Stadt dorthin zu fahren, ganz unabhängig von jeglichen politischen Überlegungen. Nur zu, denn Langläufer finden in den Auwäldern um das Schloss recht schneesichere Strecken.*

KURZINFO

Ausgangspunkt: Kreuth, Parkplatz beim Kurpark. Anfahrt wie bei Loipe 32 nach 83708 Kreuth; dort im Ortszentrum nach links über die Brücke.
Der RVO-Bus 9556 ab Bhf. Tegernsee steuert alle Einstiegsmöglichkeiten an.
Weitere Einstiege: Parkplätze Wildbad Kreuth und Klamm.
Höhenlage: 780 – 835 m.
Steigungen (kumuliert): 70 Hm.
Streckenlänge/Laufstil: 11,5 km (Klassisch).
Laufrichtung: Überwiegend Loipe mit Gegenverkehr, Schleife zwischen Wildbad und Klamm im Uhrzeigersinn.

Orientierung: Gute Beschilderung.
Anforderungen: Überwiegend leichte Loipe, aber Vorsicht bei der Abfahrt zum Wendepunkt.
Varianten: 1) Verknüpfung mit Loipe 27. 2) Abstecher – zu Fuß oder cruisend – zur Schwaigeralm und/oder zum Schloss Wildbad Kreuth.
Einkehr: Gasthäuser in Kreuth, Schwaigeralm am Weg ins Sagenbachtal. Bei der Heimfahrt ins Tegernseer Bräustüberl schauen (u. a. sehenswertes Gewölbe)!
Information: Tourist-Information Kreuth, Tel. 08029/1819, www.kreuth. de (u. a. mit aktuellen Wetterdaten); Schneebericht/Loipenzustand: www.tegernsee.com/service/wetter/schneebericht.html.

Sehenswert im Ort Tegernsee: die Klosterkirche und das Bräustüberl.

Wir starten auf der nach Süden führenden Loipe. Den mächtigen Gebirgszug der Blauberge vor Augen, werden einige Sträßchen gequert, bevor man sich der Weißach nähert. Im Mündungsbereich des Sagenbachs zweigt der Weg zur Schwaigeralm nach links ab. Auf unserer Loipe überqueren wir den Bach, wenden uns mit dem Weißachtal nach rechts und kreuzen den geräumten Weg, der vom Parkplatz zum Schloss Wildbad Kreuth führt. Unterhalb einer Uferterrasse schwenkt die Loipe nach links und

Schloss Wildbad Kreuth, seit 1975 Bildungszentrum der Hanns-Seidel-Stiftung – ein Ort, wo zuvor 400 Jahre lang ein Heilbad war.

Im Weißachtal.

verläuft damit vorübergehend an der Felsweißach – welche die Blauberge entwässert – talein. Ab der Brücke über den Bach geht es zurück Richtung Weißach. Die folgende Brücke darüber werden wir erst am Rückweg benutzen. Jetzt halten wir uns links. Die Loipe schlängelt sich nun zwischen der Weißach und dem Fuß des Gernbergs mit etwas Auf und Ab nach Westen und führt dann nach rechts über die Weißach zum Parkplatz Klamm. Wiederum nach rechts setzt der Rückweg an. Er verläuft teilweise nahe der Straße, bevor er nach rechts über die Weißach auf die schon bekannte Strecke führt. Darauf gleiten wir zurück zum Ausgangspunkt.

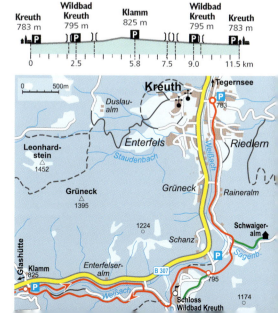

Tegernseer Tal

34 Finsterwald – Bad Wiessee

Um die Hainzenhöhe und über den Golfplatz

K
S

Nordwestlich vom Tegernsee erstreckt sich eine hügelige, breite Geländeterrasse. Die wenigsten Tegernsee-Ausflügler haben diese reizvolle Landschaft je gesehen: Sie fahren auf dem Weg nach Bad Wiessee nämlich unterhalb vorbei und im Sommer ist ein Teil dieses Geländes – der Golfplatz – für die breite Öffentlichkeit auch gar nicht zugänglich. Umso interessanter ist es, dieses Kleinod auf Langlaufskiern zu erkunden. Bei der hier vorgeschlagenen Strecke werden auch weitere damit verbundene Loipenschleifen im Nordwesten des Tegernsees miteinbezogen, die nicht minder reizvoll sind.

KURZINFO

Ausgangspunkt: Feichtner Hof (785 m), Kaltenbrunner Str. 2, 83703 Gmund, Ortsteil Finsterwald; Anfahrt von der A 8-Ausfahrt Holzkirchen nach Dürnbach, wo es rechts nach Finsterwald geht, dort links und gleich wieder rechts; Parkplatz hinter dem Wirtshaus gegenüber den Containern. Hst. der RVO-Buslinie 9557 zwischen Bhf. Gmund und Bad Tölz.
Weiterer Einstieg: Rohbogener Hof, 83707 Bad Wiessee; von Gmund kommend nach der Spielbank rechts ab in den Rohbogner Weg und zum Golfplatz.
Höhenlage: 765 m – 840 m.
Steigungen (kumuliert): 210 Hm.
Streckenlänge/Laufstil: 16,0 km (Klassisch und Skating).
Laufrichtung: Entgegen dem Uhrzeigersinn.
Orientierung: Um die Hainzenhöhe nicht durchgängig beschildert
Anforderungen: Sichere Skiführung und Kurventechnik für einige Abfahrten.
Varianten: 1) Beschränkung auf die Loipe Hainzenhöhe-Steinberg (6,5 km). 2) Beschränkung auf die Golfplatzrunde (»Loipe Rohbogen«, 8,9 km, Start beim Golfclub Bad Wiessee).
Einkehr: Wirtshaus Feichtner Hof am Ausgangspunkt in Finsterwald.
Information: Tourist-Information Gmund, Tel. 08022/7505-27 oder -35; www.gmund.de; Tourist-Information Bad Wiessee, Tel. 08022/86030, www.bad-wiessee.de, www.tegernsee.com.

In Finsterwald: Start auf die bestens gespurte Strecke um die Hainzenhöhe.

Blick von der Golfplatzloipe über den Tegernsee auf die Baumgartenschneid, die Bodenschneid und den Wallberg (von links).

Hinter dem Gasthaus Feichtner Hof setzen wir die Latten in die Spur. Sie zieht am Siedlungsrand entlang ziehnt Richtung Westen. Bei der ersten Loipenverzweigung laufen wir nach rechts über eine Brücke. Gleich nach einer Straßenüberquerung ziehen wir nach rechts auf die große Steinbergschleife. Diese steigt sanft, aber beharrlich an, um dann nach der Wende und einer Straßenüberquerung im zweiten Teil eine lässige Abfahrt zu bieten. Auf bekanntem Terrain geht es über Straße und Bach zurück zur Abzweigung. Dort rechts, begeben wir uns wieder auf Neuland und schlängeln uns zu einer Verzweigung zwischen der Loipe um die Hainzenhöhe (links, für Variante 1 gleich geradeaus) und der Verbindungsloipe zur Bad Wiesseer Golfplatzloipe (rechts).

Letzterer folgen wir und überqueren eine Hofzufahrt. Bei einem Stadel biegen wir nach rechts auf die Golfplatz-Rundloipe ein. Sie führt auf den westlich begrenzenden Hangfuß zu. Dem Hang kann man dann entweder links auf flacher Spur ausweichen oder ihn auf der geradeausführenden Spur direkt angehen und ein Stück bergauf laufen. Nach einer rasanten Abfahrt ist man wieder auf der vereinigten Loipe. Nach einer Gerade nahe der »Gegenfahrbahn« steigt die Loipe auf eine nach Westen ausholende Schleife an. Anschließend kommt man in einem Waldstreifen in eine Senke mit Kurve (!). Damit ist der Golfplatz erreicht. Nach einem leichten Anstieg mit Tendenz nach rechts folgt eine kurvige Abfahrt (!) zum Rohbogener Hof (alternativer Einstieg), dem »Basislager« des Golfplatzes.

Es folgt ein Wiederanstieg, kurz darauf öffnet sich in einem weiten Linksbogen ein herrlicher Blick über den Tegernsee. Danach geht es in eine Waldlichtung, in der die Loipe eine Wendeschleife beschreibt, auf der man eine rasante Abfahrt mit einem Linksbogen in Einklang bringen muss (!). Nach der Lichtung geht es nahe dem Rohbogener Hof durch eine Senke und

Am Golfplatz Bad Wiessee: Ein Grün ist hier auch im Winter grün.

Einer der schmucken Bauernhöfe (Buchberg) zwischen Golfplatz und Finsterwald.

Auf dem Endmoränenwall kurz vor dem Abschluss der Runde. Blick auf den Wallberg, die Blauberge (im Hintergrund) und den Hirschberg (von links).

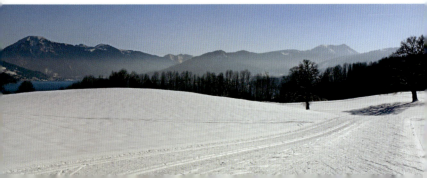

Am Golfplatz. Blick über den nördlichen Tegernsee nach Gmund.

wieder hinauf auf das Niveau der Geländeterrasse. Im kleinen Waldstreifen kommen wir kurz der vom Herweg schon bekannten Strecke nahe. Über ebenes Gelände durchquert die Loipe dann streckenweise wieder Neuland. Einem Bauernhof weicht sie links aus. Es folgen weite Schleifen, die auf offenem Wiesengelände um einen weiteren prächtigen Hof (Foto links) herumführen. Letztendlich laufen wir an seiner Westseite vorbei, bevor wir nach einem Stadel wieder auf die schon bekannte Verbindungsloipe treffen. Dieser folgen wir nach rechts.

Bei der Verzweigung nach der Straßenüberquerung halten wir uns ebenso rechts und befinden uns damit wieder auf der Hainzenhöhenloipe: Erst bergauf, dann leicht bergab geht es an einem vom eiszeitlichen Tegernsee-Gletscher hinterlassenen Endmoränenhügel südlich vorbei. Die Überwindung der östlichen Fortsetzung des Moränenzuges beschert uns zum Abschluss noch eine spürbare Steigung. Auf dem Geländerücken weichen wir einer Häusergruppe nach links aus und tauchen kurz in den Wald ein. Den verlassen wir gleich wieder auf einer verzwickten fallenden Kurve (!) und laufen schließlich besonders lockeren Schrittes (da leicht bergab) zurück zum Ausgangspunkt.

Lockt zum Umtrunk nach der Tour: der Feichtner Hof am Ausgangspunkt.

Tegernseer Tal

35 Oedberg- und Panoramablickloipe

Die Gmunder Loipen im Schatten der Neureuth

K
S
Am unmittelbaren Fuß der Alpen, unter den bewaldeten Nordhängen des beliebten Aussichts-»Balkons« Neureuth, hält sich der Schnee besonders gut. Das wissen Trainingsgruppen junger Skirennfahrer aus dem Münchner Raum (am Oedberglift) ebenso zu schätzen wie Langläufer, für die schöne Loipenschleifen östlich von Gmund gespurt werden.

KURZINFO

Ausgangspunkt: Großer Parkplatz am Oedberglift (83703 Gmund, Angerlweber 3). Zufahrt von der A 8-Ausfahrt Holzkirchen nach Gmund am Tegernsee, dort am Fuß des Gmunder Bergs zunächst geradeaus, dann beim Kreisverkehr links Richtung Hausham; nach Ostin rechts abzweigen. RVO-Bus 9555 vom Bhf. Gmund.
Weitere Einstiege: 1) Zwischen Oedberg und Panoramablickloipe Parkplatz südöstlich von Ostin (Zufahrt: in Ostin rechts in die Neureutherstraße). 2) An der Panoramablickloipe Parkplatz Berg (Zufahrt: nach der Steigung der Bundesstraße rechts und durch den Ortsteil Gasse).
Höhenlage: 770 m – 805 m.
Steigungen (kumuliert): 120 Hm.
Streckenlänge/Laufstil: 7,5 km (Klassisch und Skating).

Laufrichtung: Im Uhrzeigersinn.
Orientierung: Gut beschildert.
Anforderungen: Mittel; einige Abfahrten erfordern sichere Skiführung.
Varianten: 1) Verlängerung durch Auslaufen der Gasslerrunde (ausgeschildert, anspruchsvoll, »schwarz«), ergibt eine Gesamtstrecke von knapp 13 km und 220 Höhenmetern. 2) Nur Oedbergrunde: 3,0 km (leicht). 3) Nur Panoramablickloipe: 4,5 km, Parken s. »Weitere Einstiege«.
Tipp: Zu Fuß vom Parkplatz Berg zum Gasthof Neureuth (1264 m, 550 Hm), großteils auch Schlittenabfahrt möglich.
Einkehr: Oedbergalm; Kistlerwirt/Ostiner Stuben in Ostin.
Skiverleih: Skischule am Oedberglift, Tel. 08022/187779, www.skischuleaktiv.de.
Information: Tourist-Information Gmund, Tel. 08022/7505-27 oder -35; www.gmund.de; www.oedberg.de; Schneetelefon 08022/7195.

Direkt neben dem Parkplatz kann man in die Loipe einsetzen. Ihr folgen wir erst mal nach links (Westen). Die Zufahrtsstraße zum Parkplatz am Oedberglift ist meist aper und wird daher in der Regel mit abgeschnallten Skiern überquert; danach links. Vor einem kleinen Park-

Kurzer Anstieg südlich von Gasse.

platz (alternativer Einstieg) zweigt die Panoramablickloipe bei einem Wegkreuz nach links ab.

Bei der nächsten Verzweigung nehmen wir die linke Strecke und gelangen durch abwechslungsreiche Landschaft zu einem Parkplatz (alternativer Einstieg). Dort wird nach kurzer Abfahrt die Straße überquert und unmittelbar danach links abgebogen. Nun laufen wir ein Stück weit Richtung Süden, bevor die Strecke den Wendebereich erreicht und wieder nach Norden führt.

Nach einer kurzen, steilen Abfahrt überqueren wir wieder das Parkplatz-Zufahrtssträßchen und steigen bergan. Etwas westlich (links) vom Herweg zieht unsere Loipe nach Norden. Bald zweigt die Gasslerrunde (Variante 1) links ab, während die Panoramablickloipe die Grundrichtung zunächst beibehält, bevor sie der Landstraße und kurz darauf den Häusern von Ostin nach rechts ausweicht. Um den Ort herum kommen wir wieder auf bekanntes Terrain.

Beim kleinen Ostiner Parkplatz schwenken wir nach links in die Oedbergrunde ein, die bald mit einer Rechtskurve die Häuser von Ostin passiert. So trifft man bald auf die Straßenzufahrt zum Oedberglift. Nach deren Überquerung wählt man die linke Strecke und gleitet in einer weiteren Schleife zurück zum Parkplatz beim Lift.

Beim Weiler Berg führt die Loipe über einen Ufermoränenwall des eiszeitlichen Tegernseegletschers.

Hier, südöstlich von Ostin, zweigt die Panoramablickloipe von der Oedbergloipe ab.

Tegernseer Tal

36 Suttenrunde bei Rottach-Egern

Kurz, aber knackig: Höhenloipe hinterm Wallberg

K
S
NC

Auch wenn es unten am Tegernsee schon grünt, hat man in der Sutten oft noch beste Bedingungen, um seine schmalen Latten durch den Firn zischen zu lassen. Die Loipe ist beliebt bei sportlichen Läufern, die Runde um Runde in der herrlichen Naturarena drehen. Die nahe Talstation der Suttenbahn (die mit dem Skigebiet Spitzing in Verbindung steht) gibt auch Familien und Gruppen mit unterschiedlichen Wintersportvorlieben die Möglichkeit, zusammen »auszufliegen« und den Tag mit einem abschließenden Einkehrschwung bei der Monialm gemeinsam ausklingen zu lassen.

KURZINFO

Ausgangspunkt: Hochtal Sutten, nach der Monialm (Sutten 42, 83700 Rottach-Egern) Loipenparkplatz rechts der Straße. Anfahrt: von der A 8-Ausfahrt Holzkirchen nach Gmund, dort geradeaus und durch den Ort Tegernsee nach Rottach-Egern. Dort der Beschilderung folgend links ab nach Enterrottach und über die Mautstraße hinauf.
RVO-Bus 9560 ab Bahnhof Tegernsee.
Höhenlage: 980 – 1020 m.
Steigungen (kumuliert): 75 Hm.
Streckenlänge/Laufstil: 3,8 km Klassisch, 4,1 km Skating.
Laufrichtung: Entgegen dem Uhrzeigersinn.

Blick über den weitgehend zugefrorenen Suttensee zum Wallberg.

Orientierung: Überwiegend eindeutige Beschilderung.
Anforderungen: Überwiegend mittel; die wellige Loipe weist jedoch zwei Abfahrten auf, die bei schneller Spur anspruchsvoll sein können (Tendenz zu »schwarz«).
Varianten: Mehrere Abkürzungsmöglichkeiten in übersichtlichem Gelände.
Alternative: Vom Parkplatz in Enterrottach (noch vor der Mautstation) kann man auch über die Glocknerwies'n-Runde am schattigen Fuß des Wallbergs laufen (Schwierigkeit rot, 8,5 km, davon 6,3 km auch Skating).
Nordic Cruising: Nach der Steigungsstrecke im Wald kurz vor der Seeumrundung kann man nach rechts abzweigen und einer ansteigenden Forststraße längere Zeit folgen, auf der es fast immer Spuren, bis zu einer Brücke über den Lahnergraben (1048 m) manchmal sogar eine maschinelle Präparierung gibt; zurück gleitet man auf der gleichen Strecke (hin und zurück 1,2 km zusätzlich).
Einkehr: Direkt an der Loipe keine; zwischen dem Startpunkt und der Talstation der Suttenbahn die Monialm (989 m).
Information: Tourist-Information Rottach-Egern, Tel. 08022/671341, www.rottach-egern.de (u. a. mit aktuellen Wetterdaten).

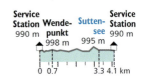

Platz genug für Skater und Klassischläufer bieten die Strecken in der Sutten.

Bei der Langlaufservice-Hütte setzen wir ein und folgen der Loipe nach rechts (Norden). Die schlängelt sich in leichtem Bergauf und -ab um einige Baumgruppen herum. Die Monialm im Blick, geht's zu einer stärkeren Steigung, nach der in einer Linkskurve nach rechts eine kurze Zusatzschleife für Skater ansetzt. Die für Skater und Klassiker gespurte Route wendet sich nach links und passiert mit welligem Profil ein Waldstück. Mit einer Abfahrt (!) lässt man die Bäume hinter sich und hält sich anschließend nach rechts. Nach einer Steigung und einer Linkskehre gleiten wir wieder gen Norden, nach einer weiteren Wende wieder nach Süden. Bei einer Verzweigung könnte man nach links abkürzen; wir halten die Grundrichtung bei und auf den Wald zu. Darin steigen wir kräftig an, stoßen auf eine querende Trasse und folgen ihr nach links (außer wir legen einen Nordic-Cruising-Abstecher nach rechts ein). In flotter Abfahrt (!) kurven wir hinab zum Suttensee, dessen Ufer die Loipe ein Stück folgt – sehr romantisch! Wir behalten nun die Grundrichtung bei, passieren in einiger Entfernung das Naturfreundehaus und bald darauf ist die (erste) Runde absolviert.

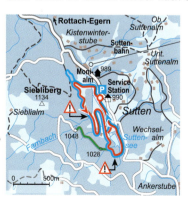

Schlierseer Berge

37 Bei den Valepper Almen

Schneesichere Schleifen hinter dem Spitzingsee

K S NC

Das Spitzinggebiet ist wohl jedem Münchner (Alpin-)Skifahrer ein Begriff. Von den schneesicheren Loipen dort wissen nicht ganz so viele Wintersportler. Manche lassen sich auch davon abschrecken, dass man mit der Benzinkutsche nicht direkt an die tollen Schnee-Schleifen bei der Albert-Link-Hütte fahren kann ...

KURZINFO

Ausgangspunkt: 83727 Spitzingsee. Anfahrt von der A 8-Ausfahrt Weyarn durch Schliersee; nach Neuhaus rechts ab über den Spitzingsattel zum Ort; dort auf gebührenpflichtige Parkplätze bei der Kirche oder an der Wurzhütte vorbei über den Lyraweg Richtung Stümpflinglift; Querparkplätze links der Straße oder Parkplatz bei der Talstation.
RVO-Bus 9562 von Schliersee bzw. Neuhaus (BOB-Bahnhöfe) nach Spitzingsee.
Möglichkeiten für den Weg zur Loipe:
1) Vom südlichen Seeende zu Fuß über die Valeppstraße zur Albert-Link-Hütte.
2) Von den Querparkplätzen auf dem Lyraweg zurück, rechts auf dem Roßkopfweg durch Wald und auf eingefahrener Spur rasant hinab zu den Loipen.
3) Von der Stümpfling-Talstation über Skipiste hinab zur Loipe (anspruchsvoll!).
Höhenlage: 1025 m – 1075 m.
Steigungen (kumuliert): 80 Hm.
Streckenlänge/Laufstil: 5,0 km Klassisch, 4,0 km Skating.

Laufrichtung: Im Gegenuhrzeigersinn.
Orientierung: Großteils übersichtliches Gelände, gute Beschilderung.
Nordic Cruising: 1) Auf den Wegen zum Ausgangspunkt kann man sich – wo nicht gestreut ist – cruisend fortbewegen, auf den Zufahrtswegen 2 und v. a. 3 mit flotten Abfahrten. 2) Die nicht so perfekt präparierte und manchmal von Fußgängern zertrampelte Trasse im Wald hat meist Cruising-Charakter.
Anforderungen: Wechsel von Steigungen und Gefällestrecken, die im freien Bereich in der Regel unproblematisch sind. Auf der Waldschleife erfordert eine Abfahrt über eine Lichtung jedoch gute Kurventechnik (»schwarz«).
Varianten: 1) Bevor die Loipe in den Wald führt, kann man der links abzweigenden Schleife folgen und mit einer zügigen, aber harmlosen Abfahrt auf kürzerem Weg zur Linkhütte zurückkehren. 2) Auch im Wald gibt es eine Abzweigung nach links; mit dieser Abfahrt (Fußgänger!) Richtung Blecksteinhaus kann die Strecke ebenso leicht verkürzt werden.
Einkehr/Übernachtung: Albert-Link-Hütte (DAV, Tel. 08026/71264, www.albert-link-huette.de), Duschen und Umkleiden auch für Tagesgäste. Blecksteinhaus (DAV, Tel. 08026/71204, www.blecksteinhaus.com).
Information: Gästeinformation Schliersee, Tel. 08026/60650, www.schliersee.de, Schneetelefon: 08026/7071, Schneebericht/Loipenzustand: www.tegernsee-schliersee.de/sport-freizeit/wintertraum/schneebericht.html.

Im Hintergrund: die Albert-Link-Hütte.

Loipenschleifen um die Valepper Almen. Im Hintergrund der Brecherspitz.

Vor der Albert-Link-Hütte breitet sich ein dichtes Schleifengeflecht aus. Darauf starten wir vom Loipenknoten zunächst nach Norden (von der Hütte aus gesehen rechts), folgen dann aber nicht der äußersten Spur, sondern der nach links abzweigenden. So schwenkt man in die Schleifen ein, die die Hütten der Valepper Alm elegant umranken. An einer Verzweigung im oberen Bereich könnte man vor dem Wald der Variante 1 nach links folgen.

Spannender ist es jedoch, der rechten (klassischen) Spur zu folgen, die auf der Trasse einer in den 1920er-Jahren zum Holzholen betriebenen Bockerlbahn in den Wald hineinführt. Die verzweigt sich bald wiederum: Die linke Spur ist die direktere (Variante 2), die rechte holt etwas weiter aus und bietet mit einer kurvigen Abfahrt (!) über eine Lichtung die größte Herausforderung für die Fahrtechnik, die man hier finden kann. Wo die beiden Trassen sich wieder vereinen (rechts ggf. kurzer Abstecher zum Blecksteinhaus), gibt es gleich wieder zwei kleine Alternativen: links über einen kleinen Geländewall oder geradeaus flach weiter. So oder so kommt man auf einen ebenen, breit angelegten Loipenabschnitt. Ein knackiger Anstieg zur Hütte macht schließlich Lust auf weitere Runden – oder auf eine Einkehr.

Schlierseer Berge

38 ▶ Schliersee – Hausham

Leichtes Übungsgelände am Alpenrand ★

K
S
Die Kirchbichlloipe, auch Hotelloipe genannt, ist ein ideales Ziel, wenn man mal ins Langlaufen reinschnuppern, die Anfahrt kurz halten und den Ausflugstag nicht mit Sport allein füllen will: Das Gelände ist frei von Tücken, man kann sich nicht verlaufen und nebendran lockt Markus Wasmeiers Heimatort Schliersee samt dem namengebenden Gewässer mit vielfältigen Spazier- und Einkehrmöglichkeiten. Da der Kurs nicht sehr lang ist, bietet er auch absoluten Anfängern das schöne Erfolgserlebnis, eine vollständige Runde laufen zu können. Und sportlich orientierte Langläufer können das weite Feld zwischen Schliersee und Hausham als Stadion betrachten und beliebig viele Runden drehen.

KURZINFO

Ausgangspunkt: 83727 Schliersee, nordöstlicher Ortsbereich am Kirchbichlweg (nähe Hotel Alpenclub), falls Parkplätze dort nicht verfügbar, weiter zum Kalkgraben-Parkplatz. Zufahrt von der A 8-Ausfahrt Weyarn über Hausham, in Schliersee kurz nach dem Gasthof »Zum Prinzenweg« links ab in die Urtlbachstraße und zur zweiten der beiden Abzweigungen des Kirchbichlwegs; ggf. noch weiter zur Karl-Haider-Straße und dieser nach links folgen bis zum Kalkgraben-Parkplatz.

Der zugefrorene Schliersee vor Jägerkamp (links) und Brecherspitz.

Vom BOB-Bahnhof Schliersee knapp 1 km zu Fuß zum Hotel Alpenclub.
Höhenlage: 770 – 805 m.
Steigungen (kumuliert): 50 Hm.
Streckenlänge/Laufstil: 2,7 km (Klassisch und Skating).
Laufrichtung: Üblich im Uhrzeigersinn.
Orientierung: Übersichtliches Gelände.
Anforderungen: Leichte Loipe ohne große Höhenunterschiede.
Varianten/Alternativen: Weitere Langlaufmöglichkeiten eröffnen sich, wenn man den Parkplatz beim Kurweg im Westen Schliersees als Ausgangspunkt nimmt: 1) Sportplatzloipe (flach, 1,5 km). 2) Runde unter der Bahn hindurch Richtung Hausham (leicht bis mittel, 4,5 km, bis 22 Uhr beleuchtet).
Tipp: 1) Durch Schliersee zum See spazieren. Sehenswert sind das Heimatmuseum in der Lautererstraße (nähe Bhf.) wie auch die Schlierseer Kirchen und Kapellen: St. Martin (8. Jahrhundert), St. Sixtus und St. Georg (beide aus dem 14. Jahrhundert).
2) Baden und Relaxen im »monte mare« in der Vitalwelt, Perfallstraße 4.
Einkehr: Am Ausgangspunkt Alpenclub Schliersee, zahlreiche Gaststätten im Ort Schliersee.
Information: Gästeinformation Schliersee, Tel. 08026/60650, www.schliersee.de, Schneetelefon: 08026/7071, Schneebericht/Loipenzustand: www.tegernsee-schliersee.de/sport-freizeit/wintertraum/schneebericht.html.

Für einen abwechslungsreichen Wintertag eine schöne Ergänzung zum Langlaufen: ein Spaziergang durch das winterliche Schliersee.

Von der Wiese vor dem Hotel Alpenclub Schliersee laufen wir nach Norden und passieren bald die letzten Häuser. Rechts haltend kommt man zum Ortsteil Kalkgraben (alternativer Einstieg). Die Loipe zieht dann auf Hausham zu – ein Ort, der über Jahrhunderte (bis 1966) vom Braunkohlebergbau geprägt wurde. Heute zeugt davon noch der 1936 gebaute Förderturm. Unsere Langlaufspur schwenkt vor Hausham nach links und verläuft schließlich mit einer leichten Steigung nach Süden. Zurück am Schlierseer Ortsrand gilt es dann, über eine weitere Runde zu entscheiden.

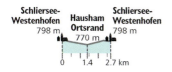

Oberland

39 Zwischen Mangfall und Schlierach

Stille Strecke bei Miesbach

K
S
NC

Im Zwickel zwischen den Flüsschen Mangfall und Schlierach erlebt man auf dieser Loipe eine hügelige Weidelandschaft mit einzelnen Gehöften. Dabei bewegt man sich ganz abseits des Durchgangsverkehrs und in dementsprechender Ruhe. Besonders interessant ist diese Loipe für BOB-Fahrer, also Kunden der Bayerischen Oberlandbahn: Vom Bahnhof Miesbach aus erreichen sie den Einstieg mit einem Fußmarsch von nur 10 Minuten.

KURZINFO

Ausgangspunkt: 83714 Miesbach, Auf der Grün, Parkplatz (720 m) am Stadtwald; erreichbar mit Pkw (ab A 8-Ausfahrt Weyarn) oder zu Fuß vom Bahnhof über den Bahnübergang südlich davon, dann geradeaus auf der Albert-Schweitzer-Straße bergan, Fußgänger setzen an der Ecke Ableitnerstraße ein, Autofahrer passieren (geradeaus fahrend) noch den Friedhof und eine kleine Siedlung.
Höhenlage: 685 – 735 m.
Steigungen (kumuliert): 120 Hm.
Streckenlänge/Laufstil: 13,0 km (Klassisch und Skating).

Laufrichtung: Egal.
Orientierung: Keine Beschilderung, bei guter Sicht trotzdem problemlos.
Anforderungen: Überwiegend leicht, zwei Abfahrten erfordern jedoch sichere Skiführung (daher Einstufung »rot«).
Nordic Cruising: Die Loipe ist manchmal recht weich und etwas zerfurcht, dann sind Cruising-Ski von Vorteil.
Einkehr: Direkt an der Loipe keine; in Miesbach zu Fuß vom Bahnhof erreichbar z. B. das Weißbräustüberl (Marienplatz 6), der Bräuwirt (Marktplatz 3), die Osteria Himmisepp (Marktwinkl 10) und der Waitzinger Bräu (Stadtplatz 12).
Information: Tourist-Info Miesbach, Tel. 08025/7000-0, www.miesbach.de.

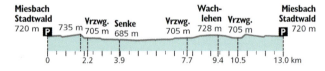

An der westlichen Wendeschleife.

Auf der Wiese neben dem Ortsrand setzen wir nach rechts in die Loipe ein und laufen parallel zum Waldrand Richtung Süden. Nach einigen hundert Metern folgen wir der rechts abzweigenden Spur. Sie leitet in einen Graben hinab und wird dabei immer schmäler – es lohnt sich also, die Abfahrt im Pflug zu beginnen, um dann mit beherrschbarer Geschwindigkeit zwischen den Bäumen im Graben hindurchzielen zu können (wenn es eisig ist, besser abschnallen, für Anfänger empfiehlt

Frisch gespurte Strecke beim Bucher Hof.

sich das auch bei normalen Bedingungen). Jenseits des Grabens geht es in einem ansteigenden Bogen um ein Gehöft herum in ein Waldstück. Wo wir wieder ins Freie treten, folgen wir der Spur nach rechts. Eine lang gezogene Linkskurve geht bald in die längste Abfahrt der Strecke über, die im Kurvenbereich Technik und sichere Skiführung voraussetzt. Am Hangfuß wird ein meist schneefreies Sträßchen überquert.

Nahe einem Stadel zweigen wir nach rechts ab auf jene Spur, die durch einen Waldstreifen nach Norden führt. Eine bergab führende Rechtskurve mit oft zerwühlter Spur erfordert etwas Konzentration. Nach einer weiteren Fahrwegüberquerung und einer kleinen Senke verzweigt sich die Spur. Die meisten Läufer wählen die rechte Trasse und befahren somit entgegen dem Uhrzeigersinn die große Schleife, die das Nordende der Strecke bildet.

Zurück an der Verzweigung beim Waldstreifen, halten wir uns rechts. Es folgt nun ein sanfter Anstieg. Wo es wieder flach ist, beschreibt die Loipe zwischen dem Bucher Hof und der Siedlung Wachlehen eine Schleife. Nun auf bekannter Strecke zurück. Am Waldstreifen gleiten wir geradeaus weiter Richtung Ausgangspunkt. Zum Schluss – nach dem kurzen Anstieg aus dem kleinen Graben – schwenken wir nach rechts auf die ebene Runde am Miesbacher Ortsrand ein und laufen somit noch ein Stück über »Neuland«.

Wendelstein-Region

40 Hundham – Fischbachau

Durchs paradiesische Leitzachtal

K
S

Das breite Tal zwischen Fischbachau und Hundham, durch das die Leitzach die Alpen verlässt, glänzt mit einer besonders reizvollen Topografie: Hügel, Mulden und etwas steilere Terrassenböschungen über dem zusätzlich eingetieften Flussbett bieten dem Auge des Langläufers viel Abwechslung.

KURZINFO

Ausgangspunkt: 83730 Hundham, Parkplatz am südwestlichen Ortsrand. Anfahrt von der A 8 nach Weyarn, dort links über Wörnsmühl und durch Hundham; nach dem Alten Wirt bei der Leonhardikapelle rechts abbiegen.
Weitere Einstiege: Bei Fischbachau (Parken an der Brücke beim westlichen Ortsteil Point); Stauden nordöstlich von Aurach (10 Minuten vom BOB-Bahnhof Fischbachau).
Höhenlage: 725 – 790 m.
Steigungen (kumuliert): 100 m.
Streckenlänge/Laufstil: 14,0 km (Klassisch und Skating).
Laufrichtung: Beschildert.
Orientierung: Gute Beschilderung.
Anforderungen: Eine steile Terrassenkante stellt vor allem bei der Abfahrt (im ersten Teil der Tour) erhöhte Anforderungen an die Fahrtechnik (»schwarz«). Für dieses kurze, besonders steile Stück die Skier ggf. abschnallen.
Varianten: 1) In Hundham startet Richtung Westen die klassisch gespurte Schreiern-Runde (gut 6,5 km, anspruchsvoll). 2) Wer mit der Bayerischen Oberlandbahn anreist, kann vom Bahnhof Fischbachau im Ortsteil Hammer über die Bahnhofstraße zur Hauptstraße, dort kurz nach rechts, dann links ab zum Loipeneinstieg bei Stauden gehen. Von dort läuft man an Mühlau vorbei nach Point und damit zur beschriebenen Strecke.
Tipp: Fischbachauer Nachtloipe, leicht, 800 m lang und keine nennenswerten Höhenunterschiede, beleuchtet bis 21 Uhr, Ausgangspunkt (mit Parkplätzen) beim Schwimmbad.
Sehenswert: Wallfahrtskirche Maria Himmelfahrt (Loreto-Nachbau) in Birkenstein, dem östlichen Ortsteil von Fischbachau.
Einkehr: Alter Wirt in Hundham, nahe dem Hauptausgangspunkt. Nach dem Laufen ein Kultziel für Liebhaber riesiger – und guter! – Kuchenstücke: das Café Winklstüberl an der Straße zwischen Hundham und Fischbachau.
Information: Touristinformation Hundham, Tel. 08028/2370, Touristinformation, Tel. 08028/876, www.fischbachau.de.

Südlich der Hundhamer Leonhardi-Kapelle wird eine großzügige Platzrunde gespurt. Der folgen wir nach rechts, wechseln aber bald danach auf die für Klassischläufer und Skater gespurte Strecke, die zunächst Richtung Südwesten führt und bald ein Waldstück passiert. Anschließend schlängelt sie sich zu einer markanten Terrassenkante. Wer sie fahrend bewältigt, erlebt rasante Beschleunigung – schön für erfahrene Lattenakrobaten, ein Nervenkitzel oder gar echte Gefahr für Anfänger. Auf einem längeren Streckenabschnitt

Bei Hundham. Blick über die Platzrunde auf Miesing, Aiplspitz und Jägerkamp (von links).

mit zahmem Gefälle gleitet man dann hinab zur Leitzach. Die überqueren wir auf einer Brücke bei einem Gehöft (Oberachau) und schwenken nach links. Nun geht es längere Zeit talein – die großartige Kulisse des östlichen Mangfallgebirges immer vor Augen. Bei der Brücke von Fischbachau-Point (alternativer Einstieg mit Parkplatz) kehren wir um und ziehen auf gleicher Spur zurück, wobei ab der Brücke von Mühlkreit meist auch rechts der Leitzach eine Loipe angelegt ist. Von Oberachau stemmen wir auf bekannter Strecke den spürbarsten Höhenunterschied der Route – erst lang und mäßig, dann kurz und steil –, bevor wir auf weitgehend ebener Fläche wieder Hundham zustreben. Zum Abschluss steuern wir direkt die große Platzrunde an und schwenken nach rechts auf sie ein. So gleiten wir auf neuem Terrain zum Ausgangspunkt zurück.

Wendelstein-Region

41 Bayrischzell – Geitau

Unterm »Stoa«

K
S
Überragt vom Wendelstein erstreckt sich zwischen Bayrischzell und Geitau eine schöne, relativ schneesichere Loipe. Denn auch wenn die sonnigen Südhänge vom »Stoa« oft wenig bis keinen Schnee haben, der kleine Seeberg auf der anderen Talseite spendet genug Schatten, um die Loipe an seinem Hangfuß zu schützen. Höhepunkt der Tour ist eine etwas abseits gelegene Schwemmebene (auf der im Sommer ein Segelflugplatz betrieben wird). Wer unterwegs einkehren will, findet im nahen Ort Geitau mit dem Gasthof Rote Wand ein Original unter den Wirtshäusern.

KURZINFO

Ausgangspunkt: 83735 Bayrischzell, Sportalm Shop und Verleih an der B 307 (nahe der Abzweigung Richtung Landl) mit Duschen, Umkleideräumen, Skiverleih und Skiservice. Anfahrt von der A 8-Ausfahrt Weyarn über Schliersee. Vom BOB-Bahnhof Bayrischzell über die Schlierseer und Tiroler Straße in 10 Minuten zu Fuß zur Loipe.
Weiterer Einstieg: In Geitau, Zufahrt am Gasthof Rote Wand rechts vorbei, Parkplatz am südlichen Ortsrand.

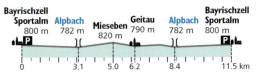

Höhenlage: 780 – 820 m.
Steigungen (kumuliert): 75 Hm.
Streckenlänge/Laufstil: 11,5 km (Klassisch und Skating).
Laufrichtung: Üblich im Uhrzeigersinn.
Orientierung: Gute Beschilderung.
Anforderungen: Loipe ohne größere Schwierigkeiten.
Variante: 1) Auf der Wiese östlich der Straße, die von Bayrischzell Richtung Landl führt, wird die Melkstatt-Runde (leicht, Klassisch und Skating, knapp 2 km) gespurt. 2) Verbindungsloipe durchs Ursprungtal zum Parkplatz Stocker (mittel, Klassisch und Skating, hin und zurück 8,4 km), bietet Anschluss zu Loipe 42 (viel Wald, empfehlenswert nur bei guter Schneelage).
Tipp: Stündlicher Bus-Shuttle zwischen Bayrischzell, Geitau und Bäckeralm (Loipe 42).
Einkehr: Sportalm am Ausgangspunkt; Postgasthof Rote Wand in Geitau, von der Loipe kurzer Fußweg durch den Ort.
Skiverleih: Sportalm (am Ausgangspunkt), Tel. 08023/819748.
Information: Touristinfo Bayrischzell, Tel. 08023/648; Schneetelefon 08023/428; Loipenzustand: www.sportalm-bayrischzell.de, www.bayrischzell.de/winterurlaub/wintersportbericht/loipenbericht.html.

Bei Geitau, Blick zum Wendelstein.

Von der Sportalm laufen wir nach Westen, zunächst für ein kurzes Stück noch recht nah an der Straße. Im weiteren Verlauf hält sich die Loipe mehr an den Nordfuß des Schatten spendenden Seebergs. Nach Überquerung des Alpbachs passieren wir den Klarerhof. Bei der nächsten Verzweigung halten wir uns links. Es folgt nun eine wenig auffällige, aber doch spürbare Steigungsstrecke Richtung Mieseben. Im oberen Bereich der großen dreieckigen Wiese (im Sommer ein Segelflugplatz) ist der Wendepunkt – mit 820 m gleichzeitig der höchste Punkt – der Tour erreicht. Jetzt geht's in ziemlich direkter Linie zügig und problemlos hinaus zum Ort Geitau, wo die Loipe vor dem Ortsrand einen Rechtsbogen beschreibt.

Der Gasthof Rote Wand in Geitau – im Hintergrund ragt der Aiplspitz in den Himmel.

Im weiteren Verlauf führt sie zurück zu der Spur, auf der wir hergekommen sind. Darauf gleiten wir zurück zum Ausgangspunkt.

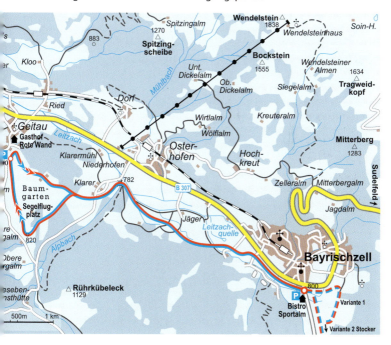

Wendelstein-Region

42 Ursprung- und Klooaschertal

Schneesicheres Loipennetz südlich von Bayrischzell

K
S
NC

Zwischen Bayrischzell und Landl in Tirol versteckt sich eines der schneesichersten Langlaufreviere im Mangfallgebirge: Die Loipen um den Zipfwirt, die sich durch das Ursprung- und das einmündende Klooaschertal erstrecken. In Letzterem laufen wir durch ein bedeutendes Buckelwiesenvorkommen. Solche Geotope gibt es nur sehr selten im Alpenraum.

KURZINFO

Ausgangspunkt: Parkplatz Stocker; Zufahrt von 83735 Bayrischzell (dorthin siehe Loipe 41) Richtung Landl, nach ca. 4 km am Beginn einer großen Lichtung links (Schild »Langlauf-Zentrum«).
Weitere Einstiege: Zipfwirt und Bäckeralm, jeweils mit kleinen Parkplätzen.
Höhenlage: 830 – 900 m (Nordic-Cruising-Strecke führt bis auf 1009 m).
Steigungen (kumuliert): 140 Hm.
Streckenlänge/Laufstil: 13,0 km (Klassisch und Skating). Im hinteren Klooaschertal extra Strecke für Skater (0,9 km) sowie Verlängerungsmöglichkeit für Cruiser (hin und zurück 5,2 km)
Laufrichtung: Unterschiedlich.
Orientierung: Gute Beschilderung.
Anforderungen: Keine nennenswerten Schwierigkeiten. Zum Saisonende im Bachbett auf Einbruchgefahr achten.
Nordic Cruising: Über die zweite Brücke im hinteren Klooaschertal gerade hinweg, gelangt man auf den von Cruisern und Skitourengehern meist eingegangenen Almweg zur Grundalm (1009 m, nicht bewirtschaftet); ein rechts abzweigender Forstweg wird ignoriert; wir folgen der Trasse, die schließlich nach links (Süden) auf die andere Talseite wechselt und zur Almhütte der Grundalm führt. Diese liegt an der hier weit abseits des Kammes verlaufenden österreichischen Grenze. Der Blick hinauf zum Sonnwendjoch ist höchst imposant, aber auch Respekt einflößend: Angesichts des alpinen Lawinengeländes können sich jenseits der Almhütte nur erfahrene Skialpinisten bewegen – und das auch nur bei sehr sicheren Verhältnissen. Von der Alm wieder zu den offiziellen Loipen hinabzugleiten, ist stellenweise anspruchsvoll, insbesondere bei Vereisung.
Varianten: 1) Verbindungsloipe Bayrischzell – Stocker überwiegend durch Wald, reizvoll v. a. bei viel Schnee (mittel, K und S, hin und zurück 8,4 km). 2) Skating-Zugabe im hinteren Klooaschertal: Anstieg bis auf 940 m, knapp 1 km (0,5 km länger als Standardstrecke).
Einkehr: Zipfwirt (z. Z. geschlossen); Bäckeralm an der südl. Wendeschleife.
Information: Touristinformation Bayrischzell, Urlaubsberatung Tel. 08023/648; Schneetelefon 08023/428; Schneebericht/Loipenzustand: www.sport-alm-bayrischzell.de sowie unter www.bayrischzell.de/winterurlaub/wintersportbericht/loipenbericht.html.

Die Hänge aper, im Talboden schneller Frühjahrsfirn. Links der Zipfwirt, darüber lugt der Wendelstein.

Vom Parkplatz ziehen wir über eine weite Wiese nach Süden. Bei einer Verzweigung folgen wir der linken Loipe. Bald vereinen sich die Spuren wieder und leiten durch eine schattige Engstelle. Danach gleiten wir nach rechts unter der Straße durch (Unterführung oft vereist, Gegenverkehr! Anfänger ggf. abschnallen). Nun laufen wir auf der Loipe, die geradewegs einem Bach-

Auf der großen Ebene im Klooaschertal. Blick talein zum imposanten Kreuzberg.

Stocker	Unterführung	Zipflwirt	Klooaschertal Wendepunkt	Bachbett	Bachausstieg	Bäckeralm	Unterführung	Stocker
830 m	834 m	835 m	900 m	890 m	845 m	850 m	834 m	830 m
0	1.3	3.1	6.0		8.4	10.3	11.8	13.0 km

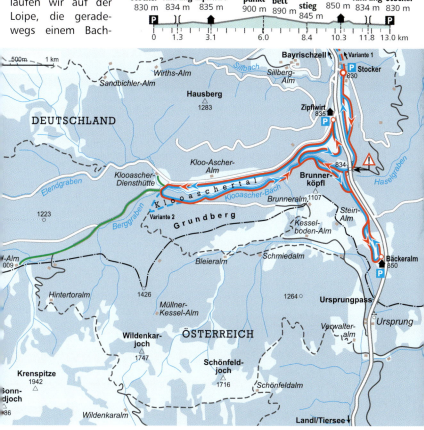

Reizvolle Wirtshäuser: der Zipflwirt (unten die Stube, z. Z. unbewirtschaftet) ...

bett folgt – und zwar solange, bis sich bei einer Lichtung mit einem Wehr mehrere Spuren verzweigen. Dort wenden wir uns ganz nach rechts und ziehen über eine weitere Lichtung in Form einer großzügigen Schleife zum Zipflwirt.

Auf der direkteren Strecke kommen wir zurück zur Lichtung mit dem Wehr. Hier nehmen wir (entgegen der Empfehlung auf dem Schild) die rechte Route, weil diese nach einem Waldstück auf die große freie Wiese des Klooaschertals führt, von der aus man talein laufend die großartige Kulisse des felsigen Kreuzbergs vor Augen hat. Links am Horizont kommt dann zunehmend auch das Hintere Sonnwendjoch mit seinen Trabanten ins Blickfeld. Beim westlichen Ende der großen Wiese kann man einen Cruising-Abstecher nach rechts über eine kleine Wiese zu den Gebäuden einer Diensthütte machen und dort auf dem Sonnenbankerl die Seele baumeln lassen (sofern Förster bzw. Pächter nicht da sind oder sie nicht gestört werden). Zurück bei der Loipe am Waldrand suchen wir die Loipenfortsetzung. Sie führt über den

Wendelstein-Region

... und die Bäckeralm, die am südlichen Wendepunkt der Strecke liegt.

Bach, der aus dem Elendgraben kommt, dann zweigt die allgemeine Loipe nach links ab. Skater können noch ein paar Meter geradeaus laufen zur nächsten Verzweigung; dort weiter geradeaus, geht es auf die Geländevariante zur Grundalm (siehe Nordic-Cruising), die Skater halten sich davor links (siehe Variante).
Auf der allgemeinen Loipe kommt man bald zum Klooascherbach, auf der Skating-Piste mit etwas Umweg ebenso. In seinem Kiesbett geht es dann zügig talaus. Beim Wehr mit seinen Verzweigungen bleiben wir dem Bachbett zunächst treu. Kurz darauf folgen wir dann aber der Spur, die das Bachbett nach rechts verlässt. Sie leitet dann durch ein Waldstück. Wieder im Freien, halten wir uns rechts und gleiten zunächst eben, bald leicht steigend nach Süden. Am Wendepunkt bietet die Bäckeralm eine weitere Einkehrmöglichkeit.
Der Rückweg wartet nach einer leichten Steigung mit einer flotten, aber dank freiem Auslauf ungefährlichen Abfahrt auf. Auf der folgenden Ebene lösen wir uns von der zuvor gefahrenen Loipe, indem wir geradeaus fahren. So treffen wir auf das schon bekannte Bachbett direkt neben der Straßenunterführung. Durch diese schlupfen wir wieder auf die östliche Seite des Ursprungstals und gleiten weiter nach Norden. Nach der Engstelle im kurzen Waldstück neben der Straße laufen wir bei der folgenden Verzweigung geradeaus und steuern schnurstracks den Ausgangspunkt an.

Wendelstein-Region

43 Oberaudorfer Schleifen

Flache Loipen im bayerischen Inntal ★

K S *Trotz der ausgesprochen geringen Höhenlage weniger als unter 500 Metern über dem Meer sind die Oberaudorfer Loipen noch relativ schneesicher, denn unmittelbar hinter dem »Wolkenfänger« Wendelstein und seinen Trabanten fällt besonders reichlich Niederschlag; unter anderem diesem Effekt verdankt Oberaudorf seinen Ruf als Wintersportort. Besonders interessant ist das Gebiet für Bahnfahrer, da man dem Zug nahe den Loipen entsteigt.*

KURZINFO

Ausgangspunkt: 83080 Oberaudorf, Parkplatz an der Bad-Trißl-Straße. Zufahrt von der Inntalautobahn geradeaus ins Dorf; nach der Bahnunterführung rechts, auf der Hauptstraße durch den Ortskern schlängeln, dann nach links in die Bad-Trißl-Straße abzweigen; knapp 500 m weiter rechts der Parkplatz.
Weitere Einstiege: 1) Im Ortsteil Agg an der Sudelfeldstraße beim Gasthof zum Bauern (der Wegweisung zum Sudelfeld folgen). 2) Bahnhof Oberaudorf an der Strecke München – Rosenheim – Kufstein, nur wenige Minuten zur Loipe.
Höhenlage: 470 – 505 m.
Steigungen (kumuliert): 40 Hm.
Streckenlänge/Laufstil: 7,0 km (Klassisch und Skating).

Laufrichtung: Entgegen dem Uhrzeigersinn.
Orientierung: Die Beschilderung ist nicht überall eindeutig, das Gelände aber übersichtlich.
Anforderungen: Leichte Loipen; nur die steile Kante einer Geländeterrasse nahe Agg stellt im Aufstieg und vor allem bei der Abfahrt erhöhte Anforderungen an die Fahrtechnik.
Variante: Wenn man die bahnhofsnahe Schleife bei der Siedlung am Hoffeld nach Osten verlässt, trifft man auf der anderen Seite der Bahn auf die leichte, ca. 4 km lange Thalloipe.
Einkehr: Gasthof zum Bauern in Agg; in Oberaudorf mehrere Gaststätten.
Information: Touristinformation Oberaudorf, Tel. 08033/301-20, Schneebericht auf www.oberaudorf.de/winter-ein-traum/langlaufen.html.

Blick von der Auerbachbrücke.

Der am Parkplatz vorbeiziehenden Loipe folgen wir nach rechts. Bald nach einer langen Linkskurve verzweigen sich die Spuren; wir fahren auf der rechten weiter, die zwischen Siedlungsgebiet und Straße eingezwängt wird (dort manchmal »versalzter« Schnee). Kurz nach Überquerung einer einmündenden Straße wechseln wir nach rechts über die Hauptstraße. Damit begeben wir uns auf eine Runde, die sich dem Bahnhof nicht ganz, aber doch so weit nähert, dass Bahnreisende hier ohne langen Anmarsch einsteigen können. Zurück an der Haupt-

Das Kaisergebirge, eine imposante Kulisse für die Oberaudorfer Loipen.

straße, überqueren wir diese an gleicher Stelle wie zuvor. Durch eine Baulücke führt unsere Loipe nach Westen auf eine Wiese. Rechtshaltend nähern wir uns dem Auwald des Auerbaches. Wiederum nach rechts geht es auf einer Holzbrücke über das Gewässer und bald darauf über die Sudelfeldstraße. Auf der Wiese gegenüber schwenken wir nach rechts in die nächste Loipe ein. Nach einer Linkskurve überwinden wir scharf nach rechts eine späteiszeitliche Uferterrasse. Oben treffen wir auf eine Rundloipe, der wir wiederum nach rechts folgen. Es folgt eine Linkskurve am Ortsrand von Niederaudorf. Beim Gasthof zum Bauern im Ortsteil Agg beschreibt die Spur abermals eine Linkskurve, nach der es wieder gen Westen geht. An der schon bekannten Stelle rauschen wir auf das tiefere Terrassenniveau hinunter und vollenden die dortige Runde. Auf der vom Herweg bekannten Strecke kehren wir (diesmal ohne die Bahnhofsrunde) zurück zur Oberaudorfer Dorfrunde. In die schwenken wir scharf nach rechts ein und gleiten entgegen dem Uhrzeigersinn zurück zum Ausgangspunkt.

Kufsteiner Land

44 ▸ Seeloipe um den Thiersee

Langlaufvielfalt im einstigen Mekka des Heimatfilms ★★

K
S
NC

In einem versteckten Winkel am Fuß des aus dem Inntal so markant erscheinenden Pendling liegt der Thiersee. Das romantische Landschaftsambiente dort diente in Nachkriegszeiten immer wieder Heimatfilmen als Kulisse, so z. B. der Verfilmung des Romans »Das doppelte Lottchen« oder dem Film »Wintermelodie«. Auch Langläufer werden auf den Loipen des Gebiets so manches Klischee einer heilen (Winter-)Welt erfüllt sehen.

KURZINFO

Ausgangspunkt: Strandbad in A-6335 Vorderthiersee. Anfahrt von der Inntalautobahn, Ausfahrt Kufstein-Nord, beim ersten Kreisverkehr rechts, dann geradeaus zum dritten Kreisverkehr, dort rechts Richtung Landl. Von München kürzer, aber langwieriger ist die Anfahrt über Bayrischzell (s. Loipe 41), Zipflwirt (s. Loipe 42) und Landl. Parkplätze in Vorderthiersee beim Passionsspielhaus oder bei der Raiffeisenkasse nahe der Verzweigung der Straßen Richtung Hinterthiersee und Landl.
Hst. RVO-Bus 1088 Bayrischzell – Kufstein (nur Montag bis Freitag).
Höhenlage: 620 – 640 m.
Steigungen (kumuliert): 30 Hm.
Streckenlänge/Laufstil: 5,0 km (Klassisch und Skating).
Laufrichtung: Gegen den Uhrzeigersinn.
Orientierung: Gute Beschilderung.
Anforderungen: Die Seeloipe stellt keine besonderen Ansprüche.
Alternativen: 1) Höhenloipe ab dem Gasthof Schneeberg (manchmal bis zu 6 km lang gespurt), Zufahrt vom Pfarrwirt an der Straße zwischen Vorder- und Hinterthiersee, dort abzweigen und auf teils schmaler und steiler Bergstraße hinauf zum gebührenpflichtigen Parkplatz vor dem Gasthof. 2) Mehrere beschilderte Schleifen bei Hinterthiersee, darunter die 5 km lange Sonnseitloipe (mittel, nördlich des Orts) und die 2 km lange Gruberloipe (leicht, südwestl. des Orts).
Tipp: Tolle Rodelbahn von der Kala-Alm zum Gasthof Schneeberg hinunter (Schlitten kann oben ausgeliehen werden, Zufahrt s. Alternative 1).
Einkehr: An der Seeloipe das Café Cappuccino und der Breitenhof.
Information: Ferienland Kufstein, Tel. +43/(0)5372/62207, www.kufstein.com.

Blick von Hinterthiersee zum Vorderen Sonnwendjoch.

Blick über den zugefrorenen Thiersee, links das Passionsspielhaus.

Wir verlassen das Strandbadgelände nach Westen und folgen dabei einigen Loipenschleifen. Diese entfernen sich ein Stück vom See, führen jedoch am Campingplatz vorbei wieder zurück zum Gewässer. Im östlichen Bereich verzweigen sich eine ufernähere Spur und die nach rechts ansteigende Spur, die sich dem Breitenhof annähert. Vom höchsten Punkt bietet sich ein schöner Überblick über die Landschaft um den Thiersee, bevor die fallende Spur eine flotte Rückkehr zum Ausgangspunkt ermöglicht.

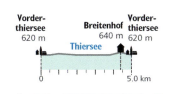

Kaiserwinkl

45 Rund um den Miesberg

Beim Walchsee unterm Zahmen Kaiser

K
S
Nordwestlich vom Walchsee liegt die Schwemm, mit einer Fläche von 60 Hektar das größte ungestörte Moorgebiet Tirols. Es ist das einzige Biotop Tirols, an dem die Bekassine noch brütet. Um dieses Naturschutzgebiet und den benachbarten Miesberg herum führt eine ungemein abwechslungsreiche Loipe, von der aus die gar nicht so zahme Nordflanke des Zahmen Kaiser besonders eindrucksvoll wirkt. Wen es nicht stört, die Skier zwischendrin auch mal abschnallen zu müssen, kann als Zugabe auch den Walchsee umrunden und dabei seine reizvollen Uferzonen erleben.

KURZINFO

Ausgangspunkt: A-6344 Walchsee, Langlaufzentrum am nördlichen Ortsrand. Anfahrt von der A 93-Ausfahrt Oberaudorf über Niederndorf. Im Ortsgebiet Walchsee links in die Alleestraße. Hst der Buslinie 4030 Kufstein – Kössen.
Weitere Einstiege: Wer mit Alpinskifahrern anreist, kommt auch von den Liftparkplätzen in bzw. östlich von Durchholzen zur Loipe (meist Cruising-Spur).
Höhenlage: 660 – 700 m.
Steigungen (kumuliert): 170 Hm.
Streckenlänge/Laufstil: 15,0 km (Klassisch und Skating).
Laufrichtung: Gegen den Uhrzeigersinn, um den Walchsee im Uhrzeigersinn.
Orientierung: Gute Beschilderung.
Anforderungen: Wegen kurviger Abfahrten relativ anspruchsvolle, aber nicht übermäßig schwierige Loipe.
Varianten: 1) Schwaigsloipe (10 km, mittel): Bei der Verzweigung westlich der Schwemm links ab und am Nordfuß des Miesbergs zur Platzrunde zurücklaufen. 2) Kurzer Einkehrabstecher zum Strandcafé (hin und zurück 0,5 km zusätzlich): Kurz vor dem Ende der Miesbergrunde (vor der Unterführung) direkt auf den Ort Walchsee zulaufen. 3) Walchseeumrundung (Verlängerung um gut 5,5 km, zwei Tragestrecken von insgesamt 800 m wertet man am besten als positve Abwechslung im Bewegungsablauf): Wie bei Variante 2 abzweigen; zwischen dem Ufer und mehreren Gasthäusern streben wir weiter nach Westen. Nach einem kurzen Stück neben der Straße schnallen wir spätestens beim Seestadl die Skier ab und folgen dem rechts abzweigenden Sträßchen. Gut 300 m weiter trifft man auf die Loipenfortsetzung. Bei einer Loipenverzweigung mit großer Übersichtstafel laufen wir geradeaus weiter und zischen durch eine Rechtskurve hinab zum Gasthof Essbaum direkt am See. Dort gehen wir über die Brücke und folgen der Loipe nach Süden. Die links abzweigende Kaiserwinklloipe bleibt unberücksichtigt. Unsere Loipe zieht etwas nach rechts und mündet in ein Sträßchen, das den Terrassencampingplatz passiert. Nach knapp 500 m Fußmarsch findet man an der rechten Straßenseite die Loipenfortsetzung. Sie führt durch das reizvolle Schwemmland westlich des Sees zurück zur schon bekannten Miesbergstrecke.
Einkehr: Moarhof am Naturschutzgebiet Schwemm, Gaststätten in Durchholzen. An der Variante: Gaststätten und Cafés in Walchsee (z. B. Strandcafé, Seestadl), Gasthof Essbaum am Ostufer, Seestüberl beim Terrassencampingplatz.
Nordic Cruising: Die Route um den See (Variante 3) wird gern von gemütlichen Skiwanderern benutzt; in den Siedlungsbereichen hat die Strecke teils Cruising-Charakter.
Information: Tourismusverband Kaiserwinkl, Tel. +43/(0)501/100, Schneebericht/Loipenzustand: www.kaiserwinkl.com/urlaub-in-tirol/winter/langlaufen/loipenuebersicht.html.

Blick von der Miesberg-Loipe über Durchholzen auf das kleine Skigebiet zu Füßen des wolkenumrankten Zahmen Kaiser.

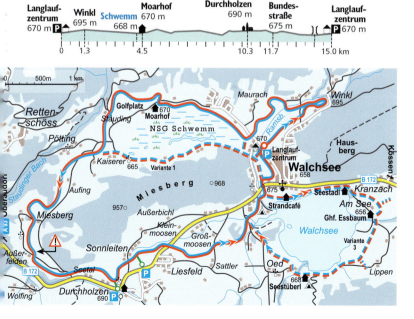

Meist bestens präpariert: Die Miesbergloipe, hier bei Liesfeld.

Wir starten auf der nach Nordosten führenden Loipe und laufen so in den Ortsteil Winkl. Vor einigen Häusern am Waldrand drehen wir eine kleine Platzrunde entgegen dem Uhrzeigersinn und folgen dann der Spur am Ramsbach entlang. Bald zweigt eine Loipe nach rechts ab und überquert den Bach; dieser folgen wir und ziehen damit zuerst kurvig, dann geradeaus zu einer Straße. Sie wird nicht weit von unserem Ausgangspunkt überquert. Bei der gleich folgenden Verzweigung geht es rechts weiter auf einer Loipe, die sich zunehmend der Schilfzone des wertvollen Naturschutzgebietes Schwemm nähert. Unmittelbar vor dem Moarhof geht es nach rechts über die Straße und in einer kleinen Schleife bergan. Nach kurzer Abfahrt folgt die längste Steigung der Tour: Sie führt über einen Schwemmkegel, der sommers als Golfplatz genutzt wird. Die Abfahrt wird leider durch Straßenquerungen unterbrochen. Nach kurzem, steilem Wiederanstieg verzweigt sich die Loipe.

Nach links könnte man am Nordfuß des Miesberg entlang zum Ausgangspunkt zurücklaufen (Variante 1). Für die Umrundung halten wir uns rechts. Jetzt durchquert die Loipe eine ausgesprochen reizvolle Landschaft mit einzelnen Gehöften. Eine etwas abschüssige (!) Hangquerung befährt man auch als Klassikläufer besser mit ausgestelltem Talski auf der Skatingpiste, zumal sie in eine Straßenüberquerung mündet. Nach einer weiteren Straßenquerung bei den Häusern von Seetal öffnet sich der Blick über die weiten Wiesen zwischen Miesberg und Zahmen Kaiser. Über diese Fläche verläuft auch die Loipe, wobei sie einen Schlenker zum Ortsrand von Durchholzen beschreibt, bevor sie nahe dem Weiler Sonnleiten über einen Buckel zur Bundesstraße führt. Die muss mit abgeschnallten Skiern überquert werden, bevor bei Liesfeld die letzte nennenswerte Steigung noch einige Schweißperlen

Schilfufer zwischen der Seeloipe und dem zugefrorenen Walchsee.

fordert. Mit einer kurvigen Abfahrt nähern wir uns der Uferzone des Walchsees, wo von rechts die Seeloipe (Variante 3) einmündet.
Bei der Campingplatzzufahrt gehen wir auf eine Brücke. Auf der anderen Seite des Bachs können wir den Schwung von der Brückenabfahrt nutzen, um halb rechts zu den Einkehrmöglichkeiten am Ufer des Sees zu gleiten (Variante 2) oder gleich noch eine ganze Seeumrundung dranzuhängen (Variante 3). Zum direkten Abschluss der Miesbergrunde zweigen wir bei der Brückenabfahrt scharf nach links ab und unterqueren in einem Tunnel die Bundesstraße. So treffen wir auf die Platzrunde des Langlaufgebiets und folgen ihr nach rechts zum Ausgangspunkt.

Beim Walchseeabfluss nahe dem Gasthof Essbaum (Variante 3). Links der Zahme Kaiser, rechts der Miesberg, den die hier vorgestellte Hauptloipe umrundet.

Kaiserwinkl

46 Kaiserwinklloipe bei Kössen

Klassiker für Könner am Zahmen Kaiser

K
S
Zwischen den Chiemgauer Alpen und dem Kaisergebirge erstreckt sich eine besonders reizvolle Gegend: der Kaiserwinkl. Die Ästhetik dieser Landschaft erschließt sich allerdings nur demjenigen zur Gänze, der abseits der größeren Straßen unterwegs ist – als Langläufer hat man da gute Karten, zumal es mit der längsten der Kössener Loipen eine wunderbare Route gibt, die auch abgeschiedene Winkel im Kaiserwinkl erschließt. Richtig Freude dran wird aber nur haben, wer gute Kondition und ausgereifte Fahrtechnik mitbringt.

Ausgangspunkt: A-6345 Kössen, Nordic Center, Erlaustraße 4, Zufahrt von der Kössener / Klobensteinerstraße in den Mühlbachweg (über die dachgeschmückte Staffenbrücke). Anfahrt über Walchsee (s. Loipe 45) oder Schleching (s. Loipe 58). Busverbindung mit Kufstein (Linie 4030), Reit im Winkl und Übersee (RVO 9509).
Weiterer Ausgangspunkt: Parkplatz an der Erlaustraße südlich der B172.
Höhenlage: 585 – 700 m.
Steigungen (kumuliert): 400 Hm.
Streckenlänge/Laufstil: 25,0 km (Klassisch und Skating).
Laufrichtung: Im Gegenuhrzeigersinn.
Orientierung: Gute Beschilderung.
Anforderungen: Anspruchsvolle Loipe mit anstrengenden Anstiegen und schnellen Abfahrten; diese sind teilweise mit Kurven gespickt, die eine sichere Fahrtechnik erfordern.
Variante: Beim Weiler Schwarzenbach setzt nach links eine Abkürzung an (spart 6,5 km); im Tal scharf links abbiegen!
Tipp: 1,5 km lange beleuchtete Nachtloipe am Sportplatz Kössen, Dienstag und Donnerstag von 18 – 21 Uhr.
Einkehr: Gasthof Essbaum am See; Riedlwirt in Niederbichl (kurzer Abstecher).
Skiverleih: Am Ausgangspunkt, Tel. +43/(0)5375/6362 www.nordic-center.com.
Information: Infobüro Kössen, Tel. +43/(0)501/100, info@kaiserwinkl.com, Schneebericht/Loipenzustand: www.kaiserwinkl.com/urlaub-in-tirol/winter/langlaufen/loipenuebersicht.html.

Nahe dem südlichen Wendepunkt.

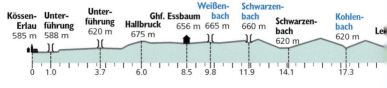

Kaiserwinkl

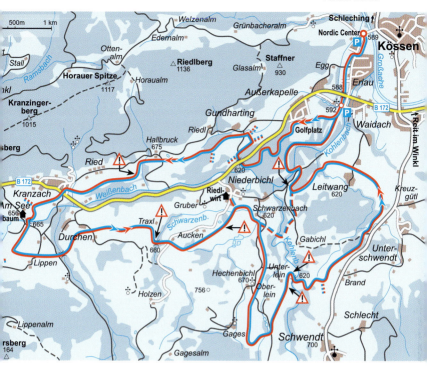

Wir folgen der nach Süden ziehenden Spur und steuern durch die Unterführung der B172. Nach einer Straßenüberquerung wendet sich unsere Loipe nach rechts und passiert bald darauf einen westlichen Ortsteil von Kössen. Dann rechts in den Wald und auf kurviger Strecke zu einer Unterführung. Unter der Bundesstraße hindurch gelangt man auf die Ewigkeitswiese. In die dortige Loipe biegen wir nach rechts ein, danach wenden wir uns zwei mal nach links, sodass wir bald darauf auf einer längeren, relativ steilen Rampe wieder Richtung Westen ziehen. Es folgt ein kurzes Waldstück, dann passieren wir das Gehöft Hallbruck. Nach einer Brücke folgt eine Abfahrt mit anschließender Rechtskurve (!).

Kaiserwinkl mit Unterberghorn.

Am Ende der ersten »Rampe«: Blick über die Ewigkeitswiese nach Kössen.

Nun geht es relativ harmlos nach Kranzach am See. Dort wird die Straße überquert, dann gleiten wir schnurstracks zur Walchsee-Rundloipe. Der folgen wir nach links und zischen hinab zu einer Brücke beim Gasthof Essbaum. Auf der Loipenfortsetzung geht es noch ein Stück in Richtung Süden, dann verlassen wir die Walchsee-Rundloipe, indem wir links abbiegen.
Bald wird der Weißenbach überquert, dann folgt eine längere Strecke über die abwechslungsreiche, wellige Landschaft der Streusiedlung Bichlach. Beim Traxlhof beginnt eine kurze, manchmal tückische Abfahrt (!) zum Schwarzenbach hinab. Nach der nächsten Steigung folgt eine längere Abfahrt (!) Richtung Niederbichl (ggf. kurzer Abstecher zum Riedlwirt). Davor wendet sich die Loipe nach rechts, passiert den Weiler Schwarzenbach (nach links Abzweigung der Variante) und steigt auf einer längeren Gerade zu ihrem höchsten Punkt an. Nach einem Linksbogen passieren wir zwei Gehöfte und genießen dann eine rasante, zunächst gerade Abfahrt. An einer Terrassenkante wendet sich die Loipe nach rechts, um auf einem abschüssigen Weg ins Tal des Kohlenbachs zu leiten. Jenseits geht es dann steil bergan. Nahe Unterschwendt endet die Steigung. Nach rechts könnte man hier nach Schwendt abzweigen, um z. B. dort einzukehren.
Auf der Fortsetzung der Kaiserwinklloipe folgen nun Abfahrtsstrecken, die in die weite Ebene bei Leitwang hinabführen. Dort wendet sich die Loipe nach Westen. Im Bereich einer Bachkerbe entfernt sich unsere Kaiserwinklloipe mit einer Linkskurve scheinbar noch weiter vom Ziel Kössen ab. Doch nach einem Buckel mit kurzer, aber flotter Abfahrt – die Spuren missglückter Bögen zeigen, dass die Rechtskurve (!) am Fuß der Abfahrt offenbar nicht alle Langläufer packen – hat uns das Gelände des Kössener Golfplatzes wieder. Dort überquert man eine Straße sowie erneut den Kohlenbach und stößt schließlich auf den Anfangsabschnitt unserer Strecke. Darauf geht es unter der Bundesstraße durch zurück zum Ausgangspunkt.

Am Wilden Kaiser

Hinterkaiserloipe bei St. Johann

47

Stille Runde unter Kaiserwänden und -zinnen ★★★

Der weite, ebene Talboden um St. Johann in Tirol bietet vielfältige, bestens ausgeschilderte Laufmöglichkeiten. Allein ist man dort allerdings selten. Wer stilles Naturempfinden wie bei einer Skitour sucht und abwechslungsreiches, durchaus auch forderndes Gelände schätzt, verlässt die Ebene bald nach dem Start und begibt sich auf die recht hügelige Hinterkaiserloipe.

K
S

KURZINFO

Ausgangspunkt: A-6380 St. Johann in Tirol, Langlaufzentrum Koasastadion (mit Umkleiden, Duschen, Wachsstüberl und Skiverleih), Salzburger Str. 17. Anfahrt von Kufstein-Süd über die B178; nordwestlich des Durchgangstunnels liegt der kostenlose Parkplatz.
Buslinie 4060 von Wörgl, Hst. Weitau.
Höhenlage: 660 – 780 m.
Steigungen (kumuliert): 300 m.
Streckenlänge/Laufstil: 16,0 km (Klassisch und Skating).
Laufrichtung: Auf den Runden überwiegend entgegen dem Uhrzeigersinn.
Orientierung: Beschilderung in den abgelegeneren Bereichen nicht ganz vollständig und eindeutig (etwas Orientierungssinn kann da nicht schaden).
Anforderungen: Anspruchsvolle Loipe mit kurvigen Abfahrten.

Varianten: 1) Weitauloipe (4 km, leicht, flach). 2) Schwentlingloipe (5 km, mittel), nach dem ersten längeren Anstieg geradeaus, den Weiler Schwentling passieren, dann nach links wieder in den Talboden hinab und zurück zum Ausgangspunkt. 3) Rettenbachloipe (7 km, mittel, überwiegend leicht), flache Verlängerung der Schwentlingloipe über Rettenbach. 4) Rummlerloipe (8 km, anspruchsvoll), wie Hinterkaiserloipe, aber Wendepunkt am Rummlerhof.
Tipp: Ein 2,7 km langer Rundkurs beim Langlaufzentrum Koasastadion wird täglich von 17 bis 21 Uhr beleuchtet.
Einkehr: Rummlerhof (wird zwei Mal passiert, beim Rückweg ganz kurzer Abstecher nach oben), Langlaufstüberl (Café) am Ausgangspunkt.
Information: www.kitzalps.cc/de/langlauf.html, Info-Hotline Tel. +43/(0)5352/63335-0; Koasastadion, Tel. +43/(0)5352/63301.

Dieser schmucke Hof wird auf einer Loipenschleife umrundet.

Kurz vor dem Rummlerhof: Bauernhof unter dem Niederkaiser.

Auf der nach Nordwesten ziehenden Spur laufen wir auf das Ostende des Kaisergebirges zu. Nach einem Kilometer Laufstrecke zweigt die Hinterkaiserloipe von der Weitauloipe (Variante 1) nach rechts von den Talloipen ab. Nun wird's hügelig, wobei anfangs die Aufwärtsstrecken klar dominieren. In einem ansteigenden Linksbogen wird ein Gehöft passiert. Bei der folgenden Verzweigung lösen wir uns von der Schwentlingloipe (Variante 2/3) und halten uns rechts, dann folgt ein welliger Abschnitt, auf dem sich herrliche Fernblicke ergeben. Unmittelbar vor dem Rummlerhof wendet sich die Loipe nach links und verliert etwas an Höhe. Gleich darauf zweigt die Rummlerloipe (Variante 4) links ab, wir fahren nach rechts weiter über eine Lichtung. Anschließend geht es nach links in den Wald,

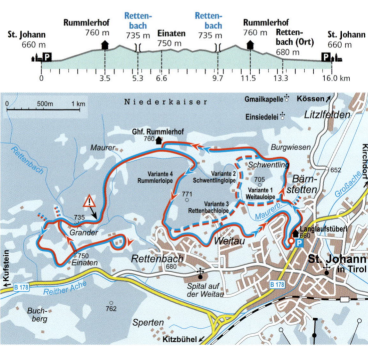

Ackerlspitze (links) und Maukspitze überragen die Loipe im Nordwesten.

wo uns eine Steigungsstrecke erwartet. Die folgende Lichtung überrascht mit herrlicher Aussicht und einer schönen Abfahrt (!). Nach einer Brücke über den Rettenbach rechts und am Gehöft Grander vorbei, kommen wir auf eine große Lichtung mit Loipenkreuzung. Von dort könnten wir eine Runde um den Römerhof dranhängen (geradeaus), wir folgen hier aber der halblinks zum Wald führenden Spur. Erneut links haltend, schlängeln wir uns durch hügeliges Gelände. Nach einem Bauernhof (Einaten) zweigt nach links hinab die Loipe ab, auf der wir bald die Rückfahrt antreten werden. Zuvor laufen wir aber noch geradeaus und beschreiben eine Schleife um einen prachtvollen Hof mit ebensolcher Aussicht. Zurück Richtung Einaten, zweigen wir bei der erwähnten Abzweigung rechts ab zum Grander hinunter. Auf bekannter Strecke zum Rummlerhof zurückgelaufen, ziehen wir dort in harmloser Abfahrt schnurstracks weiter zum Maurerbach, der überquert wird. Im folgenden Waldgebiet verläuft die Loipe auf Forstwegtrassen zum Ort Rettenbach. Dieser liegt schon wieder im Talboden, von nun an geht es also eben zurück zum Ausgangspunkt. Dabei wird die Strecke der leichteren Rettenbachloipe benutzt, in die wir nach links einbiegen.

Abseits des Trubels: An der Hinterkaiserloipe.

Kitzbüheler Alpen

48 Kitzbüheler Sportloipe

Zwischen Kitzbüheler Golfplatz und Reith

K S
Über Kitzbühel als Top-Wintersportdestination braucht man eigentlich keine Worte mehr verlieren. Der gute Ruf ist gut begründet durch ein enormes Spektrum an Möglichkeiten für Pisten- und Tourenskifahrer. Auch Langläufer finden hier eine Fülle an unterschiedlich anspruchsvollen Strecken. Eine besonders gepflegte Strecke ist die Sportloipe am Golfplatz nordwestlich von Kitzbühel. Sie kann man damit aus dem Münchner Raum erreichen, ohne sich durchs Ortsgebiet von Kitzbühel schlängeln zu müssen. Die ohnehin relativ hohe Schneesicherheit der Loipe wird noch dadurch verstärkt, dass die Strecke abschnittsweise sogar künstlich beschneit werden kann.

KURZINFO

Ausgangspunkt: Parkplatz beim Golfplatz von 6370 Kitzbühel. Anfahrt von Norden über Kufstein und Ellmau, beim Promi-Treff Stanglwirt rechts ab, durch Reith weiter Richtung Kitzbühel, beim Wegweiser »Golfplatz« rechts ab und dann eine Bahnunterführung ignorieren (auf der rechten Fahrbahn geradeaus).
Weiterer Einstieg: 6370 Reith, Skiwiese; Anfahrt: im Ort an der Kirche vorbei zu den Kinderliften westlich des Orts. Hst. der Buslinie 4006 Kitzbühel – Ellmau.
Höhenlage: 770 – 835 m.

Die Markus-Gandler-Loipe (Alternative) im Spätwinter, überragt vom Kitzbüheler Horn.

Steigungen (kumuliert): 100 Hm.
Streckenlänge/Laufstil: 6,7 km (Klassisch und Skating).
Laufrichtung: Anfangsrunde entgegen dem Uhrzeigersinn, Waldrunde im Uhrzeigersinn.
Orientierung: Gute Beschilderung.
Anforderungen: Insgesamt mittlere Ansprüche; am meisten Fahrtechnik erfordert hält der hügelige Abschnitt auf der sogenannten Großen Runde.
Alternative: Markus-Gandler-Loipe im Norden und Osten des Schwarzsees (4 km, Klassisch und Skating, mittel, für Skater etwas anspruchsvoller, da die Piste streckenweise schräg ist); Ausgangspunkt Parkplatz nahe dem Hotel Bruggerhof, Loipeneinstieg hinter dem Campingplatz, nördlich des Sees.
Einkehr: Restaurant »Zur Andrea« auf der Reither Skiwiese.
Tipps: 1) Flutlicht bis 21.30 Uhr auf einer 2,5-km-Runde ab dem Golfplatz-Parkplatz. 2) Für die Nichtskifahrer der Familie/Ausflugsgruppe bietet sich die Umrundung des Schwarzsees an, ein herrlicher Winterspaziergang (1 Std.), Ausgangspunkt beim Campingplatz. 3) Ideales Skikursgelände für Kleinkinder auf der Reither Skiwiese.
Information: Kitzbühel Tourismus, Tel. +43/(0)5356/ 66660, www.kitzbuehel.com.

Der beschneite und abends auch beleuchtete Abschnitt der Sportloipe.

Vom Parkplatz am Golfplatz begeben wir uns auf die sogenannte Sprintrunde, eine 600 m lange »Stadionrunde«. Deren westlichen Wendepunkt ignorieren wir und laufen weiter zur Reither Ache, dort zweigt nach links die »Kleine Runde« (1,2 km) ab; wir halten uns rechts. Bald darauf wird die Bachseite gewechselt. Nachdem sich die Loipe von der Ache weiter entfernt hat, könnte man nach links zurücklaufen (und würde damit die 2,8 km lange »Mittlere Runde« bewältigen). Wir folgen der nach Westen führenden Spur. Sie beschert hügelige und kurvige Linienführung, fordert etwas mehr Fahrtechnik und ist der Höhepunkt der sogenannten »Großen Runde«, die in einem Rechtsbogen zum Rückweg einschwenkt. Für die Strecke nach Reith zweigen wir nach links ab und ziehen dann relativ direkt zur Reither Skiwiese, wo man zwecks Einkehrschwung »Zur Andrea« steuern kann.

Am Rückweg umfahren wir den hügeligsten Abschnitt auf einer flacheren, weiter östlich verlaufenden Loipe. Für den letzten Abschnitt wählen wir dann die anfangs westlichere, bergnähere Spur.

Loferer Steinberge

49 Herrliche Strecken im Pillerseetal

Ein richtiger Geheimtipp! ★★★

K
S
NC

Das Pillerseetal liegt irgendwie zwischen allen Welten. Obwohl mit reichlich Schneesicherheit beschenkt und umgeben von bekannten Tourismusdestinationen, verirrt sich kaum ein Durchreisender in dieses Tal. Umso besser für Kenner und Genießer. Vorgestellt wird hier die Hauptrundstrecke im Talboden, ergänzt durch eine Verbindungsloipe mit der Talstation der Bergbahn. Dort zu parken hat den Vorteil, dass man den Langlauftag – so man noch Luft hat – mit der wunderschönen, vom Parkplatz in entgegengesetzte Richtung ziehenden Sonnenloipe krönen kann.

KURZINFO

Ausgangspunkt: A-6391 St. Jakob in Haus, Parkplatz an der Talstation der Bergbahn Pillersee; Anfahrt über Kufstein-Süd nach St. Johann, dort nach dem Tunnel Richtung Fieberbrunn, beim Kreisverkehr im Fieberbrunner Ortsteil Rosenegg links abzweigen. Etwas kürzer, aber umständlicher, ist die Anfahrt über Walchsee, Kössen (s. Loipe 46), Erpfendorf, Waidring und Pillersee.
Weitere Einstiege: 1) A-6393 St. Ulrich, Kultur- und Sportzentrum Pillersee, Abzweigung beim Spar-Supermarkt gegenüber dem Café Platzerl; nördlich davon auch ein Parkplatz am Ortsrand. 2) Strasserwirt, Parkplatz an der Straße nach Schwendt.
Höhenlage: 845 – 930 m.
Steigungen (kumuliert): 120 Hm.
Streckenlänge/Laufstil: 13,0 km (Klassisch und Skating).
Laufrichtung: Im Uhrzeigersinn, Variante 3 entgegen dem Uhrzeigersinn.
Markierung: Sehr gut beschildert.
Anforderungen: Überwiegend problemlose Strecken, die Schwierigkeitseinstufung »rot« bezieht sich auf den Streckenabschnitt, der unter Weißleiten vorbei zum Grieslbach führt.
Varianten: 1) Wenn man die an Weißleiten vorbeiführende Schleife weglässt, spart man sich ca. 2,5 km und die etwas anspruchsvolleren Streckenabschnitte; die Reststrecke ist dann als leicht (»blau«) einzustufen. 2) Südlich von Schwendt zweigt die Loipe nach Hochfilzen ab: hin und zurück 8 km, »rot«, wegen steilen Streckenabschnitten Tendenz zu »schwarz«. 3) Vom Ausgangspunkt am Liftparkplatz kann man auch nach Westen auf die sehr schöne St. Jakober Loipe (4,5 km, mittel) laufen, die südlich von St. Jakob durch reizvolles Gelände führt.
Nordic Cruising: Die 2,1 km lange Naturloipe N1 führt oberhalb des Ortsteils Weißleiten zum Grieslbach – sie ist nicht maschinell präpariert, aber beschildert.
Tipp: Vor Ort übernachten, dann lohnt sich die etwas langwierigere Anfahrt.
Einkehr: Strasserwirt; am Endpunkt bzw. beim Einstieg in St. Ulrich das Restaurant Nuaracher Stub'n und das Café Platzerl; Restaurant Café Hochleiten an der Talstation der Pillerseebahnen.
Information: Tourismusbüro St. Ulrich am Pillersee, Tel. +43/(0)5354/5630420, www.pillerseetal.at/de/winter/langlaufen/schneeberichte.

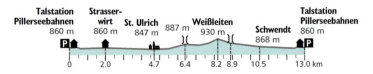

Hier startet man von der Seilbahn-Talstation nach Osten.

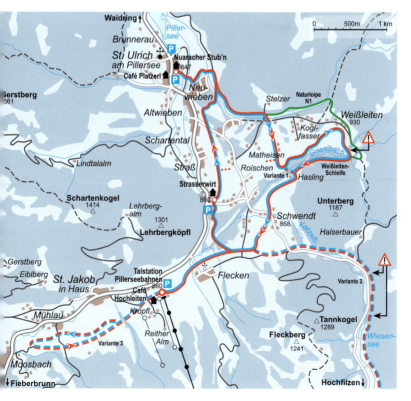

Vom Liftparkplatz starten wir Richtung Osten. Nach dem Weiler Flecken zweigen wir auf die links abzweigende Strecke ab. Bald lockt der nahe Strasserwirt zur Einkehr, für sportlich orientierte Läufer jetzt noch etwas zu früh. Weiter geht es über eine weite Wiese Richtung Norden. Die Loipe schlängelt sich dann um und durch Waldpartien, wechselt über einen Bach und wieder zurück und endet schließlich beim Kultur- und Sportzentrum Pillersee, wo sich auch Einkehrmöglichkeiten anbieten. Auf zunächst gleicher Strecke treten wir den Rückweg an, mit der ausgeschilderten Laufrichtung lösen wir uns aber bald vom Herweg und schnaufen über eine von Wald umgebene Steigungsstrecke zu einem querenden Fahrweg. Dort ginge es geradeaus auf die Naturloipe N1, die präparierte Strecke führt nach rechts über eine Brücke und eine Straße hinweg auf eine Wiese. Die bald rechts abzweigende Loipe ignorieren wir.

Blick auf die Loferer Steinberge.

Auf der St. Jakober Loipe (Variante 3).

Kurz darauf könnte man geradeaus laufen, wenn man es bei »blauer« Schwierigkeit belassen will (Variante 1). Für die volle Strecke zweigen wir nach links – also nach Osten – ab und ziehen über eine Wiese zunächst flach, dann ansteigend Richtung Weißleiten. Noch vor dem Siedlungsgebiet wendet sich die Spur nach rechts und führt hinab ins Tal des Grieslbachs, wobei eine abschüssige Kurvenkombination etwas Aufmerksamkeit (!) erfordert. Über eine Brücke und dann rechts, geht es anschließend ein längeres Stück am Bach entlang zurück zur Loipe St. Ulrich. In diese schwenken wir nach links ein. Bald erreichen wir den Ortsteil Schwendt, wo eine Straße über- und der Zielbereich einer Wettkampfloipe durchquert wird. Die Rennstrecke und die Verbindungsloipe nach Hochfilzen zweigen hier bald links ab, während wir uns rechts halten und schließlich auf der schon bekannten Verbindungaloipe am Weiler Flecken vorbei zum Ausgangspunkt zurücklaufen.

Chiemgauer Alpen

Reit im Winkl – Seegatterl – Weitsee 50

Auf der Chiemgauloipe durch ein Langlauf-Eldorado ★★

Mit Evi Sachenbacher stammt eine der erfolgreichsten deutschen Langläuferinnen aus dem Wintersportort Reit im Winkl. Kein Wunder, wenn man die vielfältigen Langlaufmöglichkeiten um den Chiemgauer Ort erlebt. Ob Anfänger oder Sportler, jeder findet hier passende Strecken – die längste und abwechslungsreichste ist die Chiemgauloipe.

K
S

KURZINFO

Ausgangspunkt: 83242 Reit im Winkl, beschilderte Parkplätze u. a. östl. der Weitseestraße. Anfahrt von der A 8-Ausfahrt Bernau über Grassau und Marquartstein. RVO-Buslinien 9505 von Prien (Bhf.) über Marquartstein sowie 9506 von Ruhpolding (Bahnverbindung mit Traunstein).
Weitere Einstiege: Im östlichen Ortsteil Entfelden beim Gasthof Rosi Mittermaier sowie in Seegatterl.
Höhenlage: 665 – 780 m.
Steigungen (kumuliert): 240 Hm.
Streckenlänge/Laufstil: 25 km (Klassisch und Skating).
Laufrichtung: Entgegen dem Uhrzeigersinn.
Orientierung: Gute Beschilderung.

Anforderungen: Mäßig anspruchsvolle Loipe mit einigem Auf und Ab, einige Abfahrten erfordern größere Aufmerksamkeit.
Varianten: 1) Im Talboden bei Reit im Winkl zahlreiche perfekt ausgeschilderte Runden mit klingenden Namen wie Winterwald-, Romantik-, Aktiv- und Wellnessloipe (ab 2 km aufwärts). 2) Verknüpfung mit der Ruhpoldinger Seenloipe (siehe Loipe 54).
Einkehr: Brenzeck-Stüberl, Steinbacher Hof, Alpenhof Seegatterl, Sachenbacher Alm, Gasthof Sonneck, Gasthof (»Café Restaurant«) Rosi Mittermaier.
Skiverleih: Adressen (auch mit Sonntagsöffnung) auf www.reitimwinkl.de.
Information: Tourist Info Reit im Winkl, Tel. 08640/80024, www.reitimwinkl.de, Schneetelefon: 08640/80025.

Im flachen Talboden von Reit im Winkl, darüber das Unterberghorn.

Zwei der Einkehrmöglichkeiten: der Alpenhof Seegatterl und das Café Restaurant Rosi Mittermaier in Entfelden.

Auf den großen Wiesen südlich von Reit im Winkl folgen wir den nach Westen führenden Trassen. Die Wegweisung »Chiemgauloipe« leitet uns in den Auwald der Lofer. Nachdem der noch junge Fluss auf einer Brücke überquert wird, wechseln wir die Grundrichtung und laufen wieder Richtung Osten. Am Brenzeck-Stüberl vorbei, geht es dann nach Süden bergan über die Wiesen der Blindau. Bald nach der Wende beim höchsten Punkt zweigen wir von der Rundloipe rechts ab und steuern den Parkplatz am Rand der Siedlung Blindau an (von dort Taxidienst zum Hindenburghaus, Rodelbahn). Die Loipenfortsetzung findet man im oberen Bereich des Parkplatzes. Sie leitet durch ein Waldstück und am Auslauf der Sprungschanze vorbei zum Steinbacher Hof.

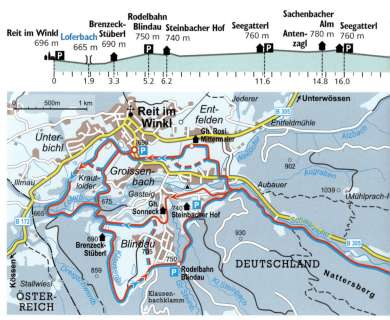

Ein Langlaufparadies: Die Chiemgauloipe bei Seegatterl.

Dort nach rechts und an einem weiteren Parkplatz vorbei, leitet die Loipe mit einigem Auf und Ab ins Schwarzlofertal. Darin geht es – meist recht schattig – bis nach Seegatterl. Dort steuern wir die Trasse an, die neben dem Campingplatz vorbei und dann ein kurzes Stück mit der Winklmoos-Anstiegsloipe (Route 49) bergan führt. Von der lösen wir uns nach einer Brücke und zischen nach links hinab. Bei der folgenden Streckenteilung halten wir uns rechts. So gleiten wir zu einer Verzweigung, bei der nach rechts hinauf die Verbindungsloipe zu den Ruhpoldinger Loipen (Route 51) ansetzt.

Geradeaus kommen wir ins Antenzagl, einer Uferzone des Weitsees, und damit zum nordöstlichen Wendepunkt der Route. Die nun etwas weiter westlich verlaufende Spur passiert die rechts oberhalb gelegene Sachenbacher Alm (griabige Einkehrmöglichkeit) und trifft kurz vor Seegatterl auf die schon bekannte Strecke. Darauf geht es nun zurück nach Reit im Winkl. Beim Liebertinger Hof begeben wir uns wieder auf »Neuland«, bleiben also im Tal. Skater halten sich rechts und ziehen über die Schwarzlofer und gleich darauf über die Weißlofer hinüber zur großen Wiese vor Entfelden und Reit im Winkl. Klassikläufer bleiben noch im Tal, bis die Loipe im Ortsteil Gasteig nach Süden ansteigt. Sie passiert den Gasthof Sonneck und trifft dann auf die große Rundloipe auf der Blindauer Wiese. Wir folgen ihr nach rechts und kommen damit wieder in schon bekanntes Terrain. Zum Abschluss nehmen wir jedoch die direktere Strecke, die über den Krautloidersteg zurück zu dem dichten, aber übersichtlichen Loipensystem vor unserem Ausgangsort führt.

Chiemgauer Alpen

51 ▶ Von Seegatterl auf die Wildalm

Eine grenzüberschreitende »Nordic-Skitour«

K
S
NC

Die Tour de Ski, die alljährliche Langlauftournee um Neujahr herum, endet immer mit einem besonders spektakulären, im Fernsehen übertragenen Aufstiegsrennen auf die Alpe Cermis im Trentiner Fleimstal. Wer so etwas Ähnliches zumindest mal ansatzweise probieren will, ist hier richtig. Die Strecke vom bayerischen Seegatterl auf die Wildalm im Salzburgischen kann sogar eingefleischte Skitourengeher mal auf die schmalen Latten locken.

KURZINFO

Ausgangspunkt: Parkplatz in Seegatterl bei 83242 Reit im Winkl. Anfahrt von der A 8-Ausfahrt Bernau über Reit im Winkl oder von der A 8-Ausfahrt Traunstein über Eisenärzt und Ruhpolding.
Hst. RVO-Bus 9506 Ruhpolding – Reit i.W.
Höhenlage: 760 – 1325 m.
Steigungen (kumuliert): 650 Hm.
Streckenlänge/Laufstil: 21,8 km (Klassisch, Skating und »Alpine Cruising«).
Laufrichtung: Größtenteils auf gleicher Strecke hin und zurück.
Orientierung: Gute Beschilderung.
Anforderungen: Gute Kondition für die anstrengenden Anstiege; ausgereifte Aufstiegs- und Abfahrtstechnik.
Varianten: 1) Skating-Runde westlich der Winklmoosalm (mittel, 4 km). 2) Verlängerung durch die Runde an der Möserstube vorbei (s. Tour 52, mittel).
Nordic Cruising: Die Strecke hat v. a. im unteren Teil Cruising-Charakter, allerdings mehr »alpine« als »nordic«.
Hinweis: Wer auf den besonders anspruchsvollen Streckenabschnitt zwischen Seegatterl und Winklmoos verzichten will, ersetzt das Aufsteigen bzw. Abfahren durch bequemes Seilbahngondeln.
Einkehr: Wildalm; Traunsteiner Hütte und andere Gaststätten der Winklmoosalm; Alpenhof Seegatterl am Ausgangspunkt. Gasthaus Moarlack an Variante 2.
Information: www.reitimwinkl.de, Schneetelefon 08640/80025.

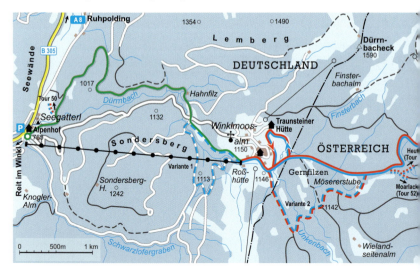

Chiemgauer Alpen

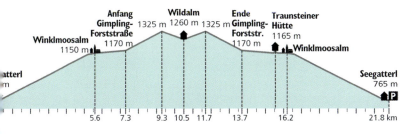

Das Ziel der Tour: Die Wildalm vor der Kulisse der Berchtesgadener Alpen. Die letzten Meter vor der Hütte legt man in Gesellschaft von alpinen Skifahrern auf einem flachen Pistenabschnitt zurück.

Vom Parkplatz Seegatterl folgen wir der ansteigenden Forstwegtrasse, auf der anfangs auch die Chiemgauloipe geführt wird. Die zweigt nach einer Brücke links ab, während wir geradeaus weiter der Aufstiegsloipe zur Winklmoosalm folgen, die sich kilometerlang durch Bergwald hinaufschlängelt. Im flacheren Bereich laufen wir dann an der Winklmoosalm (der Heimat von Rosi Mittermaier) vorbei. Dabei halten wir uns an die Wegweisung Richtung Moarlack. Auf österreichischem Staatsgebiet zweigen wir dann jedoch nach links auf die Gimpling-Forststraße ab. Nun beginnt ein längerer, mäßig ansteigender Streckenabschnitt, der erst auf 1325 m seinen höchsten Punkt erreicht. Von dort geht es in sanftem Gefälle zunächst durch Wald, dann über einen flachen – also harmlosen – Abschnitt einer Skipiste zur Wildalm. Deren Terrasse ist ein genialer Platz mit traumhafter Aussicht.

Die Loipe auf der Gimpling-Forststraße auf rund 1300 m Höhe.

Auf zunächst gleichem Weg gleiten wir zurück, so auch am Ende der Abfahrt über die Gimpling-Forststraße, wo wir nach rechts Richtung Winklmoosalm ziehen. Gleich darauf könnte man auf Variante 2 links abbiegen. Wenn wir geradeauslaufen, zweigt bald nach rechts die kurze Winklmoos-Rundloipe ab, die an der Traunsteiner Hütte vorbeiführt. Mit einem ganz kurzen Anstieg ist sie leicht zu erreichen und bietet sich für eine ausgiebigere Einkehr an, weil es von dort nicht mehr weit ist bis zur Abfahrt nach Seegatterl. Ob man dafür die anspruchsvolle Aufstiegsstrecke wählt oder sich von der Seilbahn ins Tal gondeln lässt, sollte man auch von den Bedingungen (Vereisung im Wald?) abhängig machen, die man beim Aufstieg angetroffen hat.

Am Rückweg laufen wir über die Winklmoosrundloipe und kommen so an der Traunsteiner Hütte (rechts im Hintergrund) vorbei.

Chiemgauer Alpen

Winklmoos – Moarlack

52

Grenzland-Höhenloipen mit Seilbahnanschluss ★★★

Kaum ein anderes Langlaufgebiet im Radius der Münchner Skifreunde verdient das Prädikat »schneesicher« so sehr wie die Winklmoosalm am Dreiländereck Bayern/Tirol/Salzburg. Auf der über 1100 m hoch gelegenen, welligen Hochfläche kann man in der Regel von Dezember bis April Ski fahren. Bekannt wurde die Winklmoosalm als Heimat von Skilegende Rosi Mittermaier. Sie erzielte ihre Erfolge im alpinen Skilauf (so z. B. 1976 Olympiagold in Abfahrt und Slalom, Silber im Riesenslalom). Für Langläufer gibt es auf der Winklmoosalm neben einigen Rundkursen auch einen reizvollen Abstecher zum aussichtsreichen Gasthaus Moarlack im Pinzgau (Salzburg).

K
S

KURZINFO

Ausgangspunkt: Bergstation der Winklmoos-Seilbahn. Parkplatz an der Talstation in Seegatterl bei 83242 Reit im Winkl. Anfahrt von der A 8-Ausfahrt Bernau über Reit im Winkl oder von der A 8-Ausfahrt Traunstein über Ruhpolding. Hst. RVO-Bus 9506 Ruhpolding – Reit i.W.
Höhenlage: 1080 – 1185 m.
Steigungen (kumuliert): 230 Hm.
Streckenlänge/Laufstil: 14,2 km (Klassisch und Skating).
Laufrichtung: Rundkurs im Uhrzeigersinn, Moarlack auf gleicher Strecke hin und zurück.
Orientierung: Gute Beschilderung.
Anforderungen: Welliges Gelände mit kurzen, teils kurvigen Aufstiegen und Abfahrten.
Variante: Abstecher über die Gimpling-Forststraße zur Wildalm: zusätzlich 6,4 km (hin und zurück), siehe Tour 51.
Einkehr: Auf der Winklmoosalm die Traunsteiner Hütte und weitere Gasthäuser; Gasthaus Moarlack am Umkehrpunkt; Wildalm an der Variante.
Skiverleih: In Seegatterl, Tel. 08640/796972 sowie 08640/797261
Information: www.reitimwinkl.de, Schneetelefon 08640/80025.

Das Gasthaus Moarlack am Wendepunkt der Tour. Blick auf das Dietrichshorn (rechts) und die Spitzen der Reiteralm (über dem Dach).

Diesen Blick auf die Loferer Steinberge (links) und die Steinplatte genießt ...

Per Gondelbahn gelangt man bequem auf die Winklmoosalm. Dort folgen wir einer Zubringerloipe, die auf die lockere Almsiedlung zuführt. Dieser weicht die Loipe unter einer Geländekante nach rechts aus. Wo man auf einen Rundkurs trifft, halten wir uns links – und zwar der Wegweisung »Moarlack« folgend, die auch bei den nächsten Verzweigungen maßgeblich ist. Wir laufen über die Grenze nach Österreich, wo es auf welliger Spur durch ein größeres Waldgebiet geht. Nach einer kurzen, aber kurvigen Abfahrt (!) kann man sich beim aussichtsreichen Gasthaus Moarlack stärken.

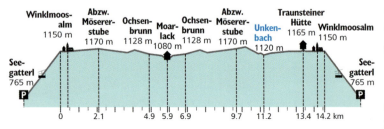

... man von der einladenden Sonnenterrasse der Traunsteiner Hütte.

Auf gleicher Strecke kehren wir zurück, bis (3,7 km nach Moarlack) unsere Loipe im rechten Winkel nach links abzweigt. An der Holzknechthütte Möserstube vorbei gleiten wir nun mit einigem Auf und Ab auf kurviger Strecke zum Unkenbach. Jenseits des Gewässers geht es bald in nördlicher Richtung wieder auf bayerisches Gebiet und damit auf das freie Gelände der Winklmoosalm zurück. Von dort könnte man gleich direkt zur Seilbahn zurückkehren. Es lohnt sich aber, vorher an der schon bekannten Wegverzweigung nach rechts abzubiegen und anschließend (nach links) auf die kurze Winklmoos-Rundloipe einzuschwenken; knapp oberhalb davon lockt die Traunsteiner Hütte mit großartiger Aussicht und schmackhafter Kost.

Die leichte Winklmoos-Rundloipe unterhalb der Traunsteiner Hütte.

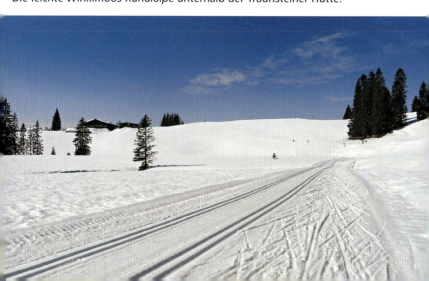

Chiemgauer Alpen

53 Runde durchs hoch gelegene Heutal

Noch schneesicherer geht's kaum

K
S
NC

Das Heutal liegt zwar schon im Pinzgau (Bundesland Salzburg), aber ganz nah an der Grenze zu Bayern. Die enorme Schneesicherheit des Hochtals rechtfertigt auch eine längere Anreise, zumal wenn man dort übernachtet.

KURZINFO

Ausgangspunkt: A-5091 Heutal, Parkplatz am Ende der Straße. Zufahrt von der A 8-Ausfahrt Traunstein/Siegsdorf über Inzell nach Unken; kurz nach der Grenze rechts in den Ort abbiegen, dort wiederum rechts und auf die Heutal-Bergstraße (ggf. mit Schneeketten).
Höhenlage: 965 – 985 m.
Steigungen (kumuliert): 30 Hm.
Streckenlänge/Laufstil: 5,0 km (Klassisch und Skating).
Laufrichtung: Im Uhrzeigersinn.
Orientierung: Gute Beschilderung.
Anforderungen: Weitgehend leichte Loipe mit welligen Abschnitten. Die Variante ist anspruchsvoll (»schwarz«).
Variante: Etwa in der Mitte des Talbodens mündet ein Tal, das vom Gasthaus Moarlack herabzieht. Darin gibt es einen Fahrweg, über den man neben (wenigen) Wanderern und Rodlern auch mit Langlaufski aufsteigen kann. Vom Gasthaus verläuft dann eine schöne Loipe für Klassiker und Skater nach Westen Richtung Winklmoosalm (Verknüpfungsmöglichkeit mit den Strecken 51 und 52). Die hier vorgestellte Variante zweigt bei der Kreuzbrücke scharf nach rechts auf eine Loipe ab, die uns ins Heutal zurückbringt – zunächst mit einer langen, nicht übermäßig steilen Abfahrt zur Jausenstation Herbstkaser. Danach nähert sich die Trasse dem Heutaler Skigebiet. Nun wird es anspruchsvoll: entweder über die hier mäßig steile Piste abfahren oder rechts haltend auf dem Fahrweg bleiben, der unten raus etwas steil, eng und oft auch vereist ist (dann besser abschnallen!).
Nordic Cruising: Die Variante hat teilweise Cruising-Charakter, allerdings mit recht alpinem Touch.
Tipp: Geeignetes Ziel für Ausflüge mit Alpinskifahrern (kleines Skigebiet Heutal/Wildalm) sowie mit Tourengehern (attraktive Ziele Sonntagshorn und – teils über Piste – Dürrnbachhorn).
Einkehr: Heutaler Hof und Gasthof Heutal. An der Variante Gasthaus Moarlack und Jausenstation Herbstkaser.
Information: Tel. +43/(0)6589/20055, www.heutallift.at.

Die Jausenstation Herbstkaser an der Abfahrt von der Kreuzbrücke (Variante). Im Hintergrund der Reifelberg (Bildmitte) und das Sonntagshorn (rechts).

Winterparadies Heutal: die Loipe im Talboden, überragt vom Dürrnbachhorn.

Vom Parkplatz am Ende der öffentlich befahrbaren Straße gehen wir einige Meter Richtung Heutaler Hof zurück. Noch davor setzen wir auf der Nordseite der Straße in die Loipe ein. Sie überquert beim Alpengasthof Heutal die Straße, wendet sich nach links und schlängelt sich dann elegant über weite Teile des Hochtalbodens. Im südöstlichen Bereich verläuft sie durch ein Feuchtgebiet, das im Spätwinter etwas »saftigen« Schnee aufweisen kann; für kalte Morgenstunden bedeutet das dann schnelle, aber eisige Abschnitte. Am hangnäheren Rückweg Richtung Westen kommen wir zu der Trasse, die nach links zum Gasthaus Moarlack hinaufführt (Variante). Wer diese anstrengende Strecke scheut, bleibt im Talboden und erreicht bald darauf wieder den Ausgangspunkt.

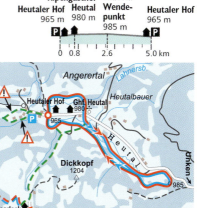

Chiemgauer Alpen

54 ▶ Seenloipe hinter Ruhpolding

Durch die Seenplatte »Bayrisch-Sibiriens«

K
S
Zwischen Ruhpolding und Reit im Winkl erstreckt sich eine besonders urwüchsige Tallandschaft mit einer enormen Schneesicherheit. Diese macht sich auch das Biathlonzentrum (Chiemgau-Arena), Austragungsort der Weltmeisterschaften 2012, zunutze. Es liegt zwischen Laubau und Seehaus, also knapp nordöstlich der hier vorgestellten Strecke.

KURZINFO

Ausgangspunkt: Seehaus südlich von 83324 Ruhpolding, Langlaufparkplatz rechts vor dem Gasthaus. Anfahrt von der A 8-Ausfahrt Traunstein/Siegsdorf. Haltestelle der RVO-Buslinie 9506 Ruhpolding – Reit im Winkl.
Weitere Einstiege: Parkplätze/Hst. an B 304 zwischen Seehaus und Mittersee.
Höhenlage: 740 – 765 m.
Steigungen (kumuliert): 60 Hm.
Streckenlänge/Laufstil: 11,5 km Klassisch; 11,0 km Skating.
Laufrichtung: Die Weitseeschleife im Süden wird im Uhrzeigersinn gefahren, ansonsten sind überwiegend beide Laufrichtungen möglich.
Orientierung: Gute Beschilderung.
Anforderungen: Überwiegend unproblematische Streckenführung (»blau«), einige kurze Abfahrten erfordern aber – insbesondere bei Vereisung – schon eine etwas gediegenere Fahrtechnik.
Variante: 1) Der Ausgangspunkt Seehaus ist durch eine einfache, auch von Wanderern benutzte Trasse (einschließlich Loipenspur) mit dem Biathlonzentrum und damit auch mit der Laubau-Loipe verbunden, die in Ruhpolding ansetzt. 2) Wo die Hauptstrecke nach einer langen Geraden rechts zum Weitsee abzweigt, setzt geradeaus die gespurte Verbindung zur Chiemgauloipe (Strecke 48) an. Sie führt zunächst über 60 Höhenmeter hinauf zum Dürrfeldkreuz, das auf einem Sattel neben einem Waldgupf namens Bürgl steht. Die folgende, bei gutem Schnee nicht sonderlich anspruchsvolle Abfahrt mündet dann in die Chiemgauloipe. Darauf kann man über Seegatterl nach Reit im Winkl laufen. 3) Mit beiden Varianten zusammen ergibt sich eine fast 30 km lange Strecke, die Ruhpolding und Reit im Winkl verbindet (schöne Tagestour, wenn man mit dem RVO-Bus 9506 zurückfährt).
Sehenswert: Holzknechtmuseum, Laubau 12, D-83324 Ruhpolding, Tel. 08663/639, www.holzknechtmuseum.com; geöffnet in den Weihnachtsferien täglich, Jan. bis März mittwochs 13 – 17 Uhr.
Einkehr: Langlaufhütte am Mittersee; Seehaus beim Ausgangspunkt.
Skiverleih: Langlaufhütt'n bei der Chiemgau-Arena, Biathlonzentrum 1, Tel. 08663/9951.
Information: www.ruhpolding.de; aktueller Zustand der Seenloipe unter Tel. 08663/9951.

Holzknechtmuseum, Laubau.

Im Südwesten der Strecke: Abfahrt zur Diensthütte Seefischerkaser.

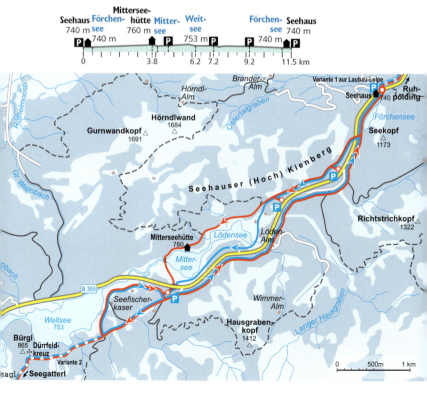

Chiemgauer Alpen

Unsere Loipe setzt gegenüber dem Seehaus an und zieht zwischen der Straße und dem beeindruckend klaren Förchensee talein. Bald nach der südwestlichen Seespitze zweigen wir rechts ab und überqueren mit abgeschnallten Skiern die Straße. Auf der anderen Seite geht es weiter talein. Von links münden Zubringerspuren von weiteren Parkplätzen. Am Hangfuß zweigt eine Loipe nach links ab; dieser folgen die Skater und kommen am Lödensee vorbei zum Mittersee-Parkplatz. Klassikschläufer könnten das auch tun, schöner ist es aber, auf der Sonnenloipe geradeaus weiter zur Mitterseehütte zu fahren. Von dort geht es nach kurzer Abfahrt rechts am See vorbei zu einer Brücke, über die die Talseite gewechselt wird.

Bald stößt man auf die Bundesstraße und unterquert sie geradewegs in einem Tunnel. So treffen wir (jetzt wieder mit den Skatern) auf den Mittersee-Parkplatz, eine der alternativen Einstiegsmöglichkeiten an der Straße. Auf dem Parkplatzgelände kurz rechts, dann beim Loipeneinstieg links zur breiten Hauptloipe, der wir nun in gerader Linie nach rechts folgen – bis das Schild »Seeloipe« nach rechts weist (geradeaus: Variante 2). Es folgt eine Abfahrt, die an einer Jagdhütte vorbei in die Uferzone des Weitsees führt. Dort biegen die Spuren – vorübergehend getrennte Trassen für Klassikschläufer und Skater – nach rechts um. Auf schmalerer Mischtrasse gleiten wir schließlich zurück zum Mittersee-Parkplatz. Daran laufen wir rechts vorbei und damit geradewegs auf die querende, hangparallele Loipentrasse zu, auf die wir zuvor nach rechts eingeschwenkt sind. Jetzt wenden wir uns nach links (Richtung Nordosten) und laufen über eine abwechslungsreiche Loipe mit kurzen wie auch harmlosen Steigungen und Abfahrten. Immer zwischen Hangfuß und Straße führt diese Strecke zurück zum Ausgangspunkt, wobei wir das letzte Stück am Lödensee entlang von der Startetappe her schon kennen.

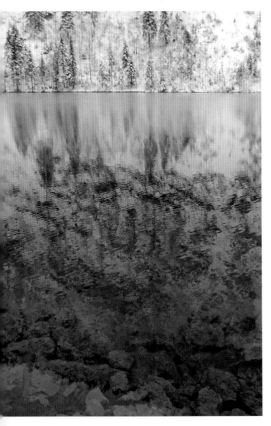

Blick von der Loipe in den glasklaren Förchensee. Im Gegensatz zu den anderen Seen im Tal friert er so gut wie nie zu.

Chiemgauer Alpen

Von Ruhpolding zum Froschsee

Abwechslungsreiche Strecke Richtung Inzell ★★★

Der Froschsee nahe Inzell ist ein landschaftliches Kleinod, das gerade im Winter das Auge eines Naturliebhabers besonders erfreut. Wer von Ruhpolding dorthin läuft, sollte Steigungen mögen und über eine ausgereifte Abfahrtstechnik verfügen.

K
S

KURZINFO

Ausgangspunkt: 83324 Ruhpolding, Loipenstart bei der Ampelkreuzung im südlichen Ortsbereich. Parkplätze westlich davon beim Erlebnis- und Wellnessbad Vita Alpina.
Vom Bhf. Ruhpolding zu Fuß 300 m nach Süden zum Loipeneinstieg.
Höhenlage: 660 – 765 m.
Steigungen (kumuliert): 160 Hm.
Streckenlänge/Laufstil: 18,0 km (Klassisch und Skating).
Laufrichtung: Grashofloipe im Uhrzeigersinn, um den Froschsee entgegen.
Orientierung: Gute Beschilderung.
Anforderungen: Der steile Anstieg vom Golfplatz zum Hallweg-Hof ist anstrengend und technisch anspruchsvoll; letzteres gilt noch mehr für die Abfahrt über diesen Hang; kurze Abschnitte auf den steilen Straßenböschungen können nicht maschinell gespurt werden.
Varianten: Wer die Schwierigkeiten der Froschseeloipe meiden will, bleibt im Talboden und folgt der Beschilderung der 10 km langen, leichten Grashofloipe (sie ist Bestandteil der Froschseeloipe).
Tipp: Vita Alpina, Erlebnis- und Wellnessbad am Ausgangspunkt – ideal zum Entspannen nach dem Laufen.
Einkehr: Ristorante Pizzeria Palermo (nahe dem Ausgangspunkt, bei der Eissporthalle), Fischerwirt beim Golfplatz, links von der Loipe.
Information: www.ruhpolding.de, Tel. 08663/8806-0.

Blick über den Ruhpoldinger Talkessel auf den Hochfelln (rechts).

Das Gehöft Hallweg zwischen Ruhpolding und Inzell.

Von den Parkplätzen beim Hallenbad gehen wir zum Loipenstart, überqueren dann aber erst noch die Hauptstraße. Östlich davon setzt unsere Loipe an. Nach einem flachen Abschnitt ist eine kurze Geländestufe zu überwinden. Unmittelbar danach verzweigt sich die Loipe – wir laufen hier geradeaus weiter. Wo sich die Loipe dem Traunufer nähert, wendet sich die Spur nach rechts; wir bleiben am Fuß des Uferdammes. Auf der folgenden Brücke überqueren wir die Traun. Auf der anderen Seite setzt halb rechts die Loipenfortsetzung an. Sie führt uns zum Huberhof, den wir nach einer Straßenüberquerung geradewegs passieren. Nach den Häusern folgen wir der Loipe nach links. Nun folgt nahe dem Ortsteil St. Valentin ein weiter Rechtsbogen über den Golfplatz. Nachdem wir links haltend über eine Brücke gerutscht sind, verzweigen sich die Loipen – wir nehmen die linke Spur und halten somit auf die östliche Begrenzung des Ruhpoldinger Talkessels zu.
Die Spur zieht nun über einen steilen Hang hinauf und kreuzt dabei eine Straße mit abschüssigen Böschungen (!). Nach diesem anstrengenden Abschnitt folgt entspanntes Gleiten über die wellige Wasserscheide zwischen Ruhpolding und Inzell. Dabei passieren wir die Gehöfte Hallweg und Au sowie den Weiler Aschenau. Anschließend laufen wir auf den landschaftlichen Höhepunkt der Tour, den Froschsee, zu. Ihn umrunden wir entgegen dem Uhrzeigersinn, an der Verzweigung nehmen wir also die rechte Spur.

Beim Froschsee. Im Hintergrund das Staufenmassiv bei Inzell.

Bei Point nordwestlich des Froschsees.

Unter dem Weiler Reiten verlassen wir den Uferbereich vorübergehend auf eine ebene Platzrunde. Nachdem die Schleife um den See geschlossen ist, geht es auf bekannter Strecke zurück zur großen Geländestufe und darüber vorsichtig (!) hinab zum Golfplatz. Dort schwenken wir nach links in die Grashofloipe ein. Die zieht bis an den Campingplatz, um dort nach rechts den Rückweg einzuleiten. Nahe dem Huberhof treffen wir wieder auf die Startetappe der Tour; darauf geht es zurück zum Ausgangspunkt.

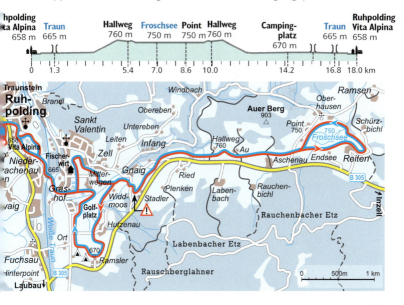

Chiemgauer Alpen

56 Ruhpoldinger Wasenloipe

Hügelige Runde unter Rauschberg und Unternberg

K
S
Ruhpolding war in den 1950er Jahren ein Hauptziel des damals aufkeimenden Pauschaltourismus. Heute ist das reizvolle Dorf Inbegriff für nordischen Wintersport, v. a. weil es sich zum europäischen Top-Biathlon-Mekka entwickelt hat. Auch den normalen Langläufern bietet Ruhpolding viel, so z. B. vielfältige, bestens ausgeschilderte Laufmöglichkeiten im weiten Talboden südlich des Orts.

KURZINFO

Ausgangspunkt: 83324 Ruhpolding, Loipenstart bei der Ampelkreuzung am südlichen Ortsrand. Parkplätze westlich davon beim Erlebnisbad Vita Alpina.
Vom Bhf. Ruhpolding zu Fuß 300 m nach Süden zum Loipeneinstieg.
Weiterer Einstieg: Talstation des Unternberglifts, Bärengschwendt 7.
Höhenlage: 658 – 700 m.
Steigungen (kumuliert): 70 Hm.
Streckenlänge/Laufstil: 6,0 km (Klassisch und Skating); mit allen Zusatzschleifen ca. 8 km.
Laufrichtung: Entgegen dem Uhrzeigersinn.
Orientierung: Gute Beschilderung.
Anforderungen: Einige kurze Abfahrten erfordern etwas Aufmerksamkeit.
Varianten: 1) Loipe Brand (10 km, mittel, Klassisch und Cruising, bed. Skating), zweigt nahe Wasen nach rechts ab und erschließt das Brander Tal; sie ist abwechslungsreich, in Gänze aber meist nur bei guter Schneelage mit Freude zu benutzen. 2) Laubau-Loipe (16 km, mittel, Klassisch und bedingt auch Skating), führt vom südlichen Wendepunkt zur Laubau und zum Biathlon-Zentrum.
Tipp: Gruppen oder Familien mit unterschiedlichen Skivorlieben parken am Unternberglift. Dort haben Alpinskifaher ein nettes kleines Skigebiet. Und die Langläufer können ihre Latten in die Brander Loipe setzen; deren östlicher Abschnitt, der als Verbindungsstück zwischen Lift und Wasenloipe dient, ist auch bei mäßiger Schneelage gut zu fahren.
Einkehr: Ristorante Pizzeria Palermo (nahe dem Ausgangspunkt, bei der Eissporthalle); Bärnstüberl beim Unternberglift (siehe Tipp).
Information: www.ruhpolding.de, Tel. 08663/8806-0.

Auf der Verbindungsstrecke zwischen Unternberglift und Wasenloipe.

Die kleine Startrunde neben dem Hallenbadparkplatz verlassen wir nach Süden und passieren dann Freibad, Eissporthalle und Biowärmekraftwerk. Nach einer kurzen Steigung folgen wir den nach halb rechts weisenden Loipenschildern. In sanftem Auf und Ab beschreibt die Loipe einen weiten Linksbogen um den Weiler Wasen. Nach der Abzweigung der Branderloipe (Variante 1) ziehen wir Richtung Süden und nehmen an einer spitzwinkligen Verzweigung einen Anstieg in Angriff, der uns oberhalb des Hinterpoint-Hofs vorbeiführt. Bei der Abfahrt halten wir uns zunächst links (verlassen also die weiter nach Süden führende Laubau-Trasse), ziehen dann aber halb rechts hinab Richtung Straße. Davor wieder links, gehen wir eine mäßige, aber etwas längere Steigung an, der ein Rechtsknick folgt. Am Ende einer rasanten Abfahrt erwartet uns eine Linkskurve (!) als Herausforderung für die Kurventechnik. Anschließend geht es bergan bis auf die Höhe des Weilers Wasen. Eine flotte Abfahrt leitet schließlich hinab zum Ruhpoldinger Ortsrand und damit zu der von Anfang her bekannten Strecke. Mit der steilen Rampe (!) hinab zum Durchschlupf zwischen Bad und Kraftwerk überwinden wir am Ende die schwierigste Stelle der Strecke.

Der Rauschberg überragt Wasen- und Branderloipe im Ruhpoldinger Talkessel.

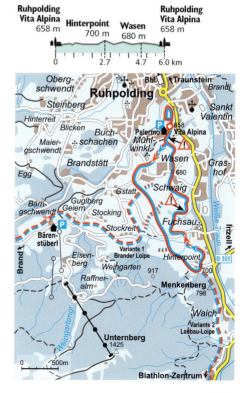

Chiemgau

57 Tobi-Angerer-Loipe am Hochberg

Auf den Spuren des Traunsteiner Weltklasse-Athleten

K
S
Der Hochberg bei Traunstein ist mit 774 Metern die höchste Erhebung im Chiemgauer Alpenvorland. Darunter breitet sich eine wellige, dünn besiedelte Hochebene aus, die für genussvolles Langlaufen wie geschaffen ist. Man kann dort aber auch sehr sportlich unterwegs sein – so wie der mehrfache Olympiamedaillengewinner Tobi Angerer, der seiner Haus- und Trainingsloipe seinen Namen verliehen hat.

KURZINFO

Ausgangspunkt: Straße zwischen Höll und Vorderwelln am Hochberg (Gemeindebereich 83313 Siegsdorf). Anfahrt auf der A 8 zur Ausfahrt Traunstein/Siegsdorf, kurz Richtung Traunstein, dann rechts ab Richtung Hochberg; nahe der Abzweigung nach Vorderwelln am Straßenrand parken.
Weiterer Einstieg: Parkfläche bei Eppenstatt, Zufahrt von Traunstein über Salinen- und Bürgerwaldstraße.

Höhenlage: 650 – 705 m.
Steigungen (kumuliert): 120 Hm.
Streckenlänge/Laufstil: 12,5 km (Klassisch und Skating).
Laufrichtung: Entgegen dem Uhrzeigersinn.
Orientierung: Weitgehend übersichtliches Gelände.
Anforderungen: Auf weite Strecken leicht (»blau«), eine Abfahrt erfordert eine einigermaßen gute Fahrtechnik.
Einkehr: An der Loipe keine. Nördlich von Höll der Alpengasthof Hochberg (dort wunderbare Aussicht).
Information: Tourismusbüro Traunstein, Tel. 0861/9869523, www.traunstein.de/Sport-Freizeit/langlaufloipen.aspx.

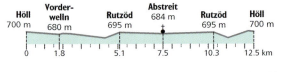

Im flachen Nachmittagslicht an der Röthelbachbrücke – ein Paradies für Sportler, egal ob mit oder ohne Olympia-Ambitionen.

Von der Straße begeben wir uns auf die darunter vorbeiführende Loipe und folgen ihr nach rechts. In sanftem Auf und Ab gleiten wir an Hinter- und Vorderwelln vorbei zu einer Wendeschleife, die mit etwas Gefälle beginnt und dann in eine Steigung übergeht. In gegensätzlicher Laufrichtung zieht die Loipe meist nahe dem Waldrand mit wiederholter Tendenz nach rechts zu einer Waldschneise, wo sie sich auf einer Brücke über den Röthelbach kurz mit der Gegenstrecke vereinigt.

Naturerlebnis pur: Skiwandern zwischen Höll und Paulöd am Fuße des Hochbergs.

Danach leitet sie nach links und windet sich hinauf zu den Häusern von Rutzöd. Dort rechts, dann geht es längere Zeit geradeaus zu einer Waldlichtung, in die wir mit einem Rechtsknick hineinfahren. Es folgt eine kurvige Engstelle (wo man sich mit entgegenkommenden Läufern arrangieren muss), bevor es mit einer Rechtskurve wieder auf freie Wiesen hinaus und ein längeres Stück auf die Alpenkulisse zugeht. An der Kapelle von Abstreit ist der östliche Wendepunkt der Tour erreicht.

Bei der Engstelle im Wald vereinigen sich die Spuren wieder. Danach halten wir uns rechts und laufen eine kleine Runde neben dem Parkplatz am nördlichen Loipeneinstieg. Nach einer Linksschleife und einer kurzen Geraden geht es nach rechts weiter. Bei Rutzöd vereinigen sich die Loipen wieder. Nach einer Abfahrt verzweigen sich die Spuren am tiefsten Punkt. Dort nehmen wir die rechte Loipe. Die führt zurück zum Ausgangspunkt.

Chiemgauer Alpen

58 Um Schleching und Ettenhausen herum

Die Andi-Birnbacher-Loipe zu Füßen des Geigelsteins ★★

K
S

Im Chiemgauer Achental erstreckt sich nahe der Tiroler Grenze ein großer Talboden, auf dem eine nach dem Schlechinger Weltklasse-Biathleten Andi Birnbacher benannte Loipe gespurt ist. Sportler laufen die Runde mehr als einmal, wer's lieber gemütlich angehen lässt, schafft zumindest eine ganze Runde und kann sich dabei voll auf den Landschaftsgenuss konzentrieren – fahrtechnisch wird man nämlich nicht übermäßig gefordert.

KURZINFO

Ausgangspunkt: 83259 Schleching-Ettenhausen, großer Parkplatz an der Geigelsteinbahn. Anfahrt von der A 8-Ausfahrt Bernau über Grassau; nach Marquartstein rechts abbiegen, durch Schleching, dann rechts ab.
Hst. der RVO-Buslinie 9509 Übersee – Kössen – Reit im Winkl.
Weitere Ausgangspunkte: Steinrückenlift westlich von Ettenhausen sowie Parkplatz südlich von Schleching.
Höhenlage: 560 – 610 m.
Steigungen (kumuliert): 100 Hm.

Breitenstein (links) und Geigelstein.

Streckenlänge/Laufstil: 9,0 km (Klassisch und Skating).
Laufrichtung: Im Uhrzeigersinn.
Orientierung: Zurückhaltende Beschilderung, aber übersichtliches Gelände.
Anforderungen: Problemlose Loipe mit wenigen harmlosen Abfahrten.
Tipp: Flutlichtloipe nahe dem Steinrückenlift in Ettenhausen.
Sehenswert: Die Streichenkapelle aus dem 15. Jh.; Zufahrt: auf der B307 nach Südosten über die Ache, nach Wagrain links ab und auf schmaler Straße bergan.
Einkehr: Wuhrsteinbar beim Parkplatz.
Skiverleih: Sport Lukas, Hauptstraße 3, Schleching, Tel. 08649/243.
Information: Verkehrsamt Schleching, Tel. 08649/220.

Blick über Schleching auf den Hochgern und seine Trabanten.

Vom Parkplatz kehren wir ein Stück zurück zur querenden Loipe. Wir folgen ihr nach links, also nach Norden. Am Hangfuß passieren wir den Steinrückenlift, ein Übungsgelände für den alpinen Skinachwuchs (alternativer Einstieg). Die Grundrichtung halten wir bei und ziehen oberhalb der Schleifen einer Flutlichtloipe westlich an Ettenhausen vorbei.

Nach Überquerung des Alpbachs mit seinen Uferauen bleiben wir am bzw. nahe dem Hangfuß. Mit einer schnurgeraden und nicht zu steilen Abfahrt (Bild oben) gleiten wir ins nördliche Siedlungsgebiet von Schleching, das durch eine freie Schneise und über die Austraße hinweg durchquert wird. Anschließend tendiert die Loipe wieder nach links. Wir laufen aber nicht in den Wald, sondern folgen dem Rechtsbogen der Loipe; er führt zur Bundesstraße 307. Die wird mit abgeschnallten Skiern überquert. Gegenüber ignorieren wir die rechts abzweigende Spur (eine Stichloipe zum Ort) und schlängeln uns an den Gebäuden von Landerhausen vorbei zur Tiroler Achen hinab. An den Flussauen rechts, geht es dann längere Zeit nach Südwesten. Die Bundesstraße kreuzen wir dann in einer Unterführung einige Meter abseits des Flusses. Gleich danach zieht unsere Spur nach links und setzt zu einem wunderschönen Finale an, das uns durch welliges Gelände in einem großzügigen Rechtsbogen zum Ausgangspunkt zurückführt.

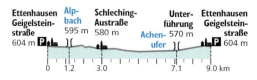

Chiemgauer Alpen

59 Sachranger Loipenschleifen

Winter-»Garantie« in einem Chiemgauer Schneeloch

K S

Mit »Sachrang«, der Verfilmung eines Romans von Carl Oskar Renner, wurde unser Ausgangsort bundesweit bekannt. Thema ist die Lebensgeschichte des Universalgenies Peter Huber, genannt Müllner Peter, der 1766 bis 1843 in Sachrang als Müller, Chorleiter, Organist und Komponist gelebt und gewirkt hat. Daneben war er auch als Heilkundler, Geburtshelfer und Apotheker tätig. Nahe dem südlichen Loipenwendepunkt bei Aschach steht sein Geburtshaus, in Sachrang selbst ein nach ihm benanntes Museum.

KURZINFO

Ausgangspunkt: 83229 Sachrang, großer Parkplatz nordöstlich des Orts (von Aschau kommend links der Straße). RVO-Bus 9502 von Bernau (werktags).
Weiterer Einstieg: Parkplatz Innerwald, rechts der Staatsstraße vor der großen Lichtung nahe dem nordöstlichen Wendepunkt der Loipe.
Höhenlage: 715 – 750 m.
Steigungen (kumuliert): 70 Hm.
Streckenlänge/Laufstil: 8,3 km (Klassisch und Skating).
Laufrichtung: Unterschiedlich.
Orientierung: Die Beschilderung ist eher zurückhaltend, wegen des übersichtlichen Geländes aber kein Problem.
Anforderungen: Leichte Loipen; kurze Abfahrten erfordern aber Aufmerksamkeit, v. a. bei Berg (Tendenz zu »schwarz«, bei Vereisung dort ggf. abschnallen).
Variante: 4 km lange Verbindungsloipe mit dem Aschauer Ortsteil Hainbach, bei gutem Schnee reizvoll, ansonsten manchmal mit vereisten Stellen.
Sehenswert: Müllner-Peter-Museum, Schulstraße 3, 83229 Sachrang; im Winter nur in den Weihnachtsferien geöffnet (täglich 14 bis 17 Uhr).
Tipp: Rodelbahn von der Priener Hütte direkt zum Parkplatz (fast 8 km!).
Einkehr: An der Loipe die Müllner Alm beim Lift in Aschach. Nach dem Sport Sachranger Hof oder Hotel zur Post (mit italienischer Küche) in Sachrang.
Information: Touristinfo Sachrang, Tel. 08057/909737, www.aschau.de/de/schneebericht-sachrang.

Am Ausgangspunkt der Loipe neben der noch ganz jungen Prien.

Chiemgauer Alpen

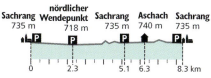

Wo der Wanderweg zur Priener Hütte beginnt, setzen wir nach links in die Loipe ein. Nach einem kurzen Stück an der jungen Prien überqueren wir sie. Bei der gleich folgenden Verzweigung wenden wir uns nach links, ebenso bei der nächsten. Einige Zufahrtssträßchen kreuzend, führt die Loipe Richtung Nordosten. Nachdem die Prien wieder überquert wurde, laufen wir mit gleicher Grundrichtung noch bis zu einer Wendeschleife kurz vor dem Ende der großen waldfreien Ebene (geradeaus setzt die Variante an). Am Rückweg wählen wir die Spur, die nach links über eine Brücke zum südöstlichen Rand der Ebene führt. Sie leitet an oder nahe dem Hangfuß zum Weiler Berg, wo man mit einem Linksknick (!) in einen Zufahrtsweg einbiegt. Bald darauf folgt ein knackig steiler Anstieg und anschließend eine fast ebenso steile Abfahrt (!). An deren Ende biegen wir nach links in die querende Loipe ein. Nun folgen ein mäßiger Anstieg und eine Linkskurve. Daraufhin zischen wir hinab zu der Brücke, die wir von den ersten Metern der Tour schon kennen. Am Ausgangspunkt gleiten wir nun vorbei (es sei denn, im Auto ist ein warmer Tee deponiert).

Wer nicht läuft, kann sich auf der Rodelbahn der Priener Hütte vergnügen.

An prächtigen Bauernhäusern leitet die Sachranger Loipe vorbei.

Auf der straßennäheren Loipe geht es dann geradewegs an Sachrang vorbei zum Lift beim Weiler Aschach. Dort leitet eine Wendeschleife den Rückweg ein, zwischen Wald und Straße auf gleicher Spur. Bei der folgenden Verzweigung nehmen wir die rechte Spur. Diese zieht in mäßiger Steigung auf die Sprungschanze zu, bevor sie nach einer engen Kurvenkombination eine flotte Abfahrt bietet. Nach einigen kreativ gespurten Loipenschleifen kommen wir zurück zum Parkplatz.

Einen Spaziergang wert: der Ortskern von Sachrang.

Rosenheimer Land

Samerberger Loipen

60

Naturparadies zwischen Grainbach und Törwang ★★★

Wer das Wort Samerberg nur von der Autobahnraststätte kennt, hat was versäumt: Ein landschaftlich überaus reizvolles Hochtal breitet sich da nämlich am Alpenrand unter der Hochries aus. Das flachwellige Gelände eignet sich hervorragend zum Langlaufen. Nach dem Sport sollte man es nicht versäumen, zur Aussichtskapelle am »Tellerrand« des Samerbergs oberhalb von Törwang zu fahren und dort die sagenhafte Aussicht aufs Alpenvorland zu genießen.

K
S
NC

KURZINFO

Ausgangspunkt: 83122 Samerberg, Parkplatz an der Grundschule (Samerstraße 20) zwischen Grainbach und Törwang. Zufahrt von der Ausfahrt Achenmühle der A 8 in den gleichnamigen Ort, dort rechts und bergauf Richtung Törwang; die zweite Linksabzweigung nach Grainbach führt zur Schule; dort rechts und gleich bei der Schule parken oder – auf jeden Fall zur Unterrichtszeit – weiter unten beim Moorbad.
Weitere Einstiege: Parkplätze am Ortseingang von Grainbach, beim Lehrbienenstand zwischen Törwang und Eßbaum und beim Badwirt (Roßholzen).
Höhenlage: 615 m – 690 m.
Steigungen (kumuliert): 140 Hm.
Streckenlänge/Laufstil: 9,0 km Klassisch, 6,0 km Skating.
Laufrichtung: Im Uhrzeigersinn.
Orientierung: Zahlreiche Varianten und Abkürzungen können anfangs etwas verwirren. Bei guter Sicht findet man sich aber schnell zurecht.
Anforderungen: Einige Abfahrten erfordern stabile Skiführung und gute Kurventechnik (Tendenz zu »schwarz«).
Varianten: 1) Nach der Steinbachbrücke geradeaus, für Skater obligatorisch, für Klassischläufer natürlich auch möglich; wenn man bei der nächsten Verzweigung links fährt, trifft man nach einer Steigung wieder auf die klassische Loipe. 2) Bei gutem Schnee ist eine recht hügelige Verlängerung bis zum Badwirt bei Roßholzen gespurt (anspruchsvoll!); sie setzt beim tiefsten Punkt der südwestlichen Wendeschleife an.
Nordic Cruising: Bei genügend Schnee gibt es Möglichkeiten zum Querfeldeinlaufen (aber bitte nicht im Bereich der Feuchtgebiete).
Tipp: Für Familien- und Gruppenmitglieder ohne Ski gibt es am Samerberg geräumte Winterwanderwege (z. B. den Filzenrundweg ab dem Moorbad) sowie Pferdeschlittenfahrten (Tel. 08032/8787).
Sehenswert: Aussichtskapelle am Bergrücken oberhalb Törwang – grandioser Blick übers Alpenvorland! Wenige Autominuten vom Ausgangspunkt.
Einkehr: Moorbadstüberl nahe dem Ausgangspunkt, Badwirt an der Variante, in geringer Entfernung zur Loipe mehrere empfehlenswerte Gasthäuser in Grainbach und Törwang.
Information: www.samerberg.de, Gästinformation Tel. 08032/8606.

Bei Grainbach.

Ein »Balkon« der Alpen: Der Samerberg, gesehen vom Riesenberg.

Zum Warmlaufen kann man eine Runde auf der flachen Übungsloipe neben der Schule drehen. Dann steht man bei der recht rasanten Abfahrt (!) zum Moorbad (645 m) schon etwas sicherer auf den Latten. Unten halten wir uns links. Bei einer Brücke kommt von links die Zubringerloipe vom Parkplatz am Ortseingang von Grainbach. Wir nutzen die Brücke und fahren dann erst mal nach rechts, bei der folgenden Verzweigung links. Die Loipe zieht nun hinauf zum südlichen Ortsrand von Grainbach (680 m). Dort schwenken wir nach links auf eine Art Stadionrunde ein, um sie im Uhrzeigersinn zu befahren. Am Waldrand verlassen wir das kleine »Stadion«-Plateau und gleiten über ein erstes kleines Gefälle. Nach einer Wegüberquerung folgt dann eine noch steilere Abfahrt, die auch noch mit einer Linkskurve (!) einhergeht. Unten folgen wir der Loipe, die nach links durch einen kleinen Waldzipfel läuft. Nach einer Wiese geht es rechts über den Steinbach. Gleich darauf verlassen

Eines der schönen Wirtshäuser am Samerberg: der Maurerwirt in Grainbach.

Die Hochries überragt das Hochtal.

Naturfreunde ohne Ski freuen sich über die präparierten Winterwanderwege.

wir die für Klassischläufer und Skater angelegte Trasse nach links (geradeaus Variante 1). Jetzt gleiten wir auf schmaler, klassischer Loipe durch ein Feuchtbiotop mit Wald herum. Wo der sich lichtet, folgen wir der nach links hinausziehenden Spur. Nach einer Brücke neben der Straße zieht uns die Schwerkraft über den Hang links unter uns hinab (!). Vom tiefsten Punkt führt die Variante 2 geradeaus über einer Straße. Nach rechts hinauf setzt unser Rückweg an, der zunächst zur Kreisstraße hinaufführt und dann ein Stück parallel dazu verläuft. Wir passieren den Lehrbienenstand (kleiner Parkplatz) geradeaus, bevor die Loipe mit einer Links-Rechts-Kurvenkombination in eine lange Gerade übergeht. Die Skatingpiste mündet von rechts und in paralleler Routenführung geht es dann geradewegs zurück zur Platzrunde am Ausgangspunkt.

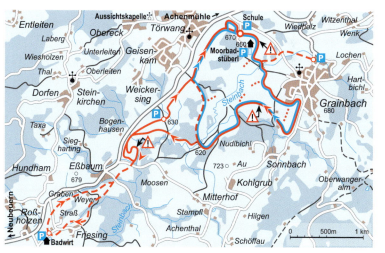

Münchner Umland

61 Durchs Grafinger Moränenland

Wintermärchen zwischen Hügeln und Filzen ★★

K
NC

In der Gegend um Grafing haben die eiszeitlichen Gletscher zu Zeiten ihrer größten Ausdehnung (zuletzt vor ca. 18.000 Jahren) ganze Arbeit geleistet und eine wunderschöne Landschaft mit Moränenzügen geschaffen, zwischen die sich anschließend reizvolle Moore (hier Filzen genannt) eingenistet haben. Im Winter wirkt diese Landschaft besonders mystisch. Wenn genug Schnee liegt, wird hier mit großem Engagement eine Loipe gespurt, die wohl jeden Naturfreund begeistert.

KURZINFO

Ausgangspunkt: 85567 Grafing bei München, Parkplatz gegenüber der Johann-Comenius-Schule, Kapellenstraße 17. 1 km zu Fuß vom S4-Bhf. Grafing-Stadt.
Höhenlage: 530 – 570 m.
Steigungen (kumuliert): 70 Hm.
Streckenlänge/Laufstil: 14,0 km (Klassisch mit Cruising-Charakter).
Laufrichtung: Offen.
Orientierung: Keine Beschilderung; auf der gespurten Loipe findet man zurück.
Anforderungen: Welliges Gelände, das bei gutem Schnee und frischen Spuren keine großen Probleme bereitet.

Nordic Cruising: Die Variante Richtung Ebersberg ist meist nur für Cruiser interessant. Auch die Hauptloipe hat Cruising-Charakter, weil das relativ leichte Spurgerät (Motorschlitten) den Schnee nicht besonders stark verdichtet.
Variante: Eine Verbindungsstrecke Richtung Ebersberg setzt manchmal nach gut 1½ km bei der ersten Verzweigung an: geradeaus ab- und unter einem Anwesen links herumfahren, die Straße bei Gasteig kreuzen und weiter nach Norden laufen.
Einkehr: An der Loipe keine, im Ausgangsort Grafing mehrere Gaststätten.
Information: www.tourismus-verein-grafing.de, Tel. 08092/84100.

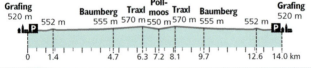

Einsame Weite im Bauernland östlich von Grafing.

Über dem Parkplatz ist ein von Kindern gern genutzter Schlitten- und Skihang (ohne Lift). Links davon gewinnt unsere Spur gleich mal kräftig an Höhe. Nach einer Linkskurve geht es über einen Bach und wieder bergan. Vor einer Straße leitet die Spur in einem Rechtsbogen um ein Waldstück herum. Nach einer flachen Wiesenkuppe kommen wir zu einer Verzweigung. Geradeaus hinab beginnt die Variante, halb rechts setzt sich unsere Hauptroute fort und teilt sich sogleich. Jetzt nehmen wir wieder die rechte Spur und gleiten dann schnurstracks über eine Lichtung. Nach einer

Die Loipe zwischen Gasteig und Aepfelkam.

Linkskurve schlängelt sich die Loipe zu den Weihern beim Mayer am Haus. Nachdem die Loipe rechts an Baumberg vorbeigezogen ist, wendet sie sich nach links, also nach Norden. Vor uns erkennen wir bald Traxl. Wenn genug Schnee liegt, ist die Spur mit einem Rechtsbogen auch noch bis nach Pollmoos gezogen. Auf gleichem Weg kehren wir zurück zu den Weihern. Dort kann man dann auf der rechten Loipe durch die Aepfelkamer Filzen auf etwas direkterer Linie zurücklaufen. Nahe den Gehöften bei Gasteig treffen wir wieder auf die schon bekannte Anfangsetappe.

Münchner Umland

62 Sportloipe Tal bei Oberpframmern

Schneesichere Trainingsstrecke im Osten von München ★

K S NC

Oberpframmern bietet die wohl schneesicherste Loipe im Münchner Umland. Dies ist zum einen auf die relativ hohe Lage auf den Kuppen würmeiszeitlicher Endmoränen zurückzuführen (immerhin gut 100 Höhenmeter über dem durchschnittlichen Niveau des Münchner Stadtgebiets), aber auch darauf, dass die Strecke nahe am Nordrand von Wäldern geführt wird und die tief stehende Wintersonne somit die meiste Zeit des Tages keine Chance hat, die Spur wegzuschlecken – schattiges Terrain also, ein Aspekt, den man bei der Kleidungswahl berücksichtigen sollte.

KURZINFO

Ausgangspunkt: Parkplatz beim Sportplatz des TSV Oberpframmern. Kreuzerweg 2, 85667 Oberpframmern; Zufahrt von München über Putzbrunn bzw. Grasbrunn nach Oberpframmern; dort Richtung Glonn und 400 m nach dem Ortsrand, noch vor dem Wald, rechts.
Höhenlage: 595 – 615 m.
Steigungen (kumuliert): 30 Hm.
Streckenlänge/Laufstil: Mit Stadionrunde 3,0 km (Klassisch und Skating).
Laufrichtung: Vorgeschrieben im Uhrzeigersinn.
Orientierung: Eindeutige Beschilderung.
Anforderungen: Leichte Strecke.
Variante: Rundloipe Esterndorf: Über die Straße und zunächst nahe dem Wald, dann durch den Wald nach Osten (6 km, 60 Höhenmeter, seltener gespurt, deshalb als Cruising-Strecke eingezeichnet).
Nordic Cruising: Wenn die Variante trotz hoher Schneelage nicht (frisch) gespurt ist, bietet deren Strecke gute Möglichkeiten für Cruiser.
Einkehr: Gaststätte »Anstoß« beim Sportplatz am Ausgangspunkt.
Information: Ghs. Anstoß, Tel. 08093/4055, www.tsv-oberpframmern.de.

Im langen Schatten des Waldes: Die Loipe westlich des Sportplatzes.

Stillleben bei Oberpframmern – auch vermeintlich unspektakuläre Landschaften können zauberhaft sein.

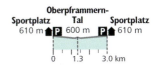

Auf der westlichen Wendeschleife beim Ortsteil Tal.

Vom Sportplatz starten wir auf jener nach Westen führenden Spur, die näher am Wald verläuft. Nahe dem Ortsteil Berg schwenkt die Spur nach links. Nach einer Schleife an einem flachen Hang laufen wir kurz an der Bebauungsgrenze entlang. Unsere Spur schlängelt sich dann mit etwas größerem Abstand vom Wald zurück zum Ausgangspunkt. Dort läuft man noch eine Stadionrunde um den Fußballplatz – oder hängt noch weitere Runden auf der Hauptloipe dran.

Münchner Umland

63 Durchs Glonner »Hochland«

Schöne Loipe eines engagierten Wintersportvereins

K
S
NC

Südöstlich von München liegt der Ort Glonn geschützt in einem Talkessel. Auf dem Hügelland darüber, dem Glonner »Hochland«, legt der örtliche Skiclub ein schönes Loipennetz an. Das geschieht nicht, wie sonst im Alpenvorland üblich, mit einem leichten Motorschlitten, sondern mit einem ausgewachsenen Pistenbully, also mit einem Gerät, das dank seines hohen Gewichtes für eine starke Verdichtung des Schnees und damit eine gute Haltbarkeit der Loipe sorgt.

KURZINFO

Ausgangspunkt: 85625 Glonn, Gewerbegebiet Steinhausen. Zufahrt vom südwestlich von Glonn gelegenen Weiler Balkham – dort nach Norden abbiegen
Höhenlage: 570 – 600 m; die Nordic-Cruising-Variante reicht bis 620 m.
Steigungen (kumuliert): 60 m.
Streckenlänge/Laufstil: 4,5 km (Klassisch und Skating).
Laufrichtung: Im Uhrzeigersinn.
Orientierung: Gute Beschilderung.
Anforderungen: Weitgehend problemlose Loipe, die Abfahrten können – zumal bei Vereisung – etwas knifflig sein.
Nordic Cruising: Manche Abschnitte der Variante (vor allem im Wald) haben Cruising-Charakter; wenn sie nicht maschinell gespurt ist, wird sie meist von Cruisern eingefahren.
Variante: Manchmal ist auch die große Runde über Münster gespurt. Sie zweigt nach links von der Hauptroute ab (dort wo diese nach der ersten längeren Abfahrt nach rechts führt). Bald steigt die Variante im Wald an. Dort weiter eine manchmal ausgetretene Rechtsabzweigung ignoriert. Auf der nächsten Lichtung folgt ein rechtwinkliger Knick, der einen Anstieg nach rechts hinauf einleitet. Damit steuert man auf den kleinen Ort Münster zu, wo der Haflhof zur Einkehr lockt. Im weiteren Verlauf zieht die Spur in einem Bogen über Lindlach und Kreuz zurück zur Hauptloipe. Mit dieser zusammen kommt man so insgesamt auf knapp 10 km.
Tipp: Für Alpinskifahrer gibt es am nordwestlichen Ortsrand von Glonn Skilifte, sogar mit künstlicher Beschneiung und mit Flutlichtbetrieb (Info-Telefon: 0151/54857214).
Einkehr: An der Hauptloipe keine, an der Variante der Haflhof in Münster; in Glonn mehrere Gaststätten.
Information: www.wsv-glonn.de, Schneetelefon: 08093/904814.

Zwischen Glonn und Münster.

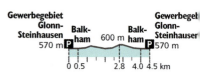

Das Gewerbegebiet verlassen wir auf einer Zubringerloipe Richtung Süden. Nach Überquerung der Straße geht es nach links zum Weiler Balkham. Daran entlang kommen wir zu einer Loipenkreuzung, an der wir uns links halten. In einem weiten Rechtsbogen verläuft die Loipe nun über einen Hügel. Wieder im »Tal«, zweigt links die Variante ab; wir wenden uns nach rechts und bewegen uns damit vorübergehend wieder auf Balkham zu.

Dann laufen wir nach links und bewältigen eine Steigung. Noch vor der Kirche von Kreuz mündet von links die Variante, während unsere Spur bald einen Rechtsbogen beschreibt und hinab zum zentralen Kreuzungspunkt führt. Wer nicht noch eine Runde dranhängt, gelangt auf der schon bekannten Strecke über Balkham und die Zubringerloipe zurück zum Ausgangspunkt.

Oben: Die Kirche des Weilers Kreuz überragt verwehte Schneeflächen.

Loipen für Skater und Klassikläufer südlich von Balkham.

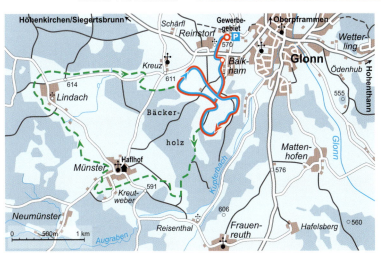

Anhang: Münchner Stadtgebiet

Langlaufen in der Stadt München

Wenn in der Stadt ausnahmsweise mal genug Schnee fällt (und dann auch liegen bleibt!), kann man im Englischen Garten auf selbstbestimmten Schleifen Nordic Cruising betreiben. Besonders interessant sind die hier vorgestellten Loipen, die die Landeshauptstadt München bei guter Schneelage anlegt. Sie sind klassisch gespurt und weisen (bis auf Brückenanstiege und Ähnliches) keine nennenswerten Höhenunterschiede auf. Man sollte sie möglichst bald nach der Spuranlage genießen, da sie von Fußgängern oft in kurzer Zeit zertrampelt werden.
INFORMATIONEN: www.muenchen.de/rathaus/Stadtverwaltung/baureferat/freizeitsport-natur/wintersport/langlauf.html; Grünanlagenaufsicht, Tel. 089/233-27656.

PASING: Kurze Runde durch den Paul-Diehl-Park.
Am Stadtpark, 81243 München. Bus 160 bis Haltestelle Im Birket oder Würmstraße, Bus 161 bis Haltestelle Heitmeiersiedlung.
Höhenlage: 530 m.
Streckenlänge: 2,0 km.

WESTPARK: Die Loipe erstreckt sich in zwei Teilen durch den West- und Ostteil des Parks mit seinen Seen und Hügeln und überquert auf einer Brücke den Mittleren Ring.

Am Westpark, 81373 München. U-Bahnhof Westpark, Bus 133 bis Haltestelle Siegenburger Straße oder Hinterbärenbadstraße, Bus 131, 132 oder 134 bis Haltestelle Baumgartnerstraße, Tram 18 bis Haltestelle Stegener Weg.
Höhenlage: 540 m.
Streckenlänge: 4,5 km, davon 2,0 km im Westteil und 2,5 km im Ostteil.

NYMPHENBURG: Schöne Runde an der Außenseite der Schlossmauer. Im Schlosspark ist Langlaufen nicht gestattet!
An der Schlossmauer, 80639 München. S-Bahnhof und Bushaltestelle (51, 151, 168) Laim. Bus 143 bis Haltestelle Paul-Gerhard-Allee, Bus 143 oder 162 bis Haltestelle Lustheimstraße.
Höhenlage: 520 m.
Streckenlänge: 4,0 km.

Anhang: Münchner Stadtgebiet

ISARAUEN: Mehrere Brücken teilen die Loipe an der Isar in verschiedene Abschnitte. Auch wenn unter den Brücken nicht gespurt ist, kann man bei guter Schneelage unten durchfahren und die Abschnitte leicht verbinden.
Schyrenplatz, 81543 München. Nördliche Abschnitte: U-Bahnhof Fraunhoferstraße, Tram 27 bis Haltestelle Fraunhoferstraße oder Eduard-Schmid-Straße, Bus 131 bis Haltestelle Fraunhoferstraße. Mittlere Abschnitte: Bus 58 bis Haltestelle Baldeplatz oder Claude-Lorrain-Straße, Bus 131 bis Haltestelle Baldeplatz. Südliche Abschnitte: U-Bahnhof Brudermühlstraße, Bus 54 bis Haltestelle Schäftlarnstraße. U1 bis Haltestelle Candidplatz. Bus 52 bis Haltestelle Ludmillastraße oder Lebscheestraße.
Höhenlage: 515 m.
Streckenlänge: 5,5 km (4 x ca. 1,5 km).

OSTPARK: Quer durch den Ostpark verläuft diese Loipe und passiert auch den Ostparksee.
Staudingerstr., 81735 München. U-Bahnhof Michaelibad oder Quiddestraße, Bus 195 bis Haltestelle Heinrich-Wieland-Straße, Michaelibad, Ostpark Eislaufzentrum, Georg-Brauchle-Haus oder Quiddestraße.
Höhenlage: 535 m.
Streckenlänge: 3,0 km.

RIEMER PARK: Diese Loipe beginnt westlich der Messestadt und führt im Bogen zum BUGA-Hügel, an dem Rodeln möglich ist. Zurück auf derselben Loipe oder mit der U2.
De-Gasperi-Bogen, 81829 München. U-Bahnhöfe Messestadt West und Ost, Bus 139, 189, 190, 263, 264 bis Haltestelle Messestadt West.
Höhenlage: 530 m.
Streckenlänge: 2,0 km.

Stichwortverzeichnis

A
Achenkirch 105
Achensee 102, 105
Ahornboden, Großer 99
Albert-Link-Hütte 120
Aschau im Chiemgau 176

B
Bad Bayersoien 37
Bad Kohlgrub 37
Bad Tölz 78
Bad Wiessee 112
Barmsee 63
Bayersoiener See 37
Bayerwald 108
Bayrischzell 128, 130
Benediktbeuern 76
Biberwier 45
Bichl 76

D
Dietramszell 24

E
Eberfing 32
Egling-Feldkirchen 24
Ehrwald 45, 48
Elmau 66
Eng 99
Eschenlohe 72
Ettal 40, 42
Ettenhausen 174

F
Farchant 72
Finsterwald 112
Fischbachau 126
Förchensee 166
Froschsee 167

G
Gaistal 48
Garmisch-Partenkirchen 68, 70
Geitau 128
Glashütte 108
Glonn 186
Gmund 112, 116
Grafing 182
Grainau 70
Grainbach 179
Graswang 42
Großhartpenning 81
Großweil 74

H
Hausham 122
Heutal 162
Hinterriß 99
Hochberg 172
Hohenkasten 32
Holzkirchen 84
Hundham 126

I
Icking 27
Inntal 134
Inzell 167

J
Jachenau 96

K
Kaiserwinkl 138, 142
Kaltenbrunn 68
Kapler Alm 87
Kitzbühel 148
Klais 66, 68
Kleinhartpenning 81
Klooaschertal 130
König-Ludwig-Loipe 42
Kössen 142
Kreuth 108, 110
Krün 63

L
Laubau 164
Leitzachtal 126
Lenggries 93
Lermoos 45
Leutasch 48, 51, 54
Linderhof 42
Lödensee 166

M
Miesbach 124
Mittenwald 58
Mittersee 164
Moarlack 156, 159, 162
Moosham 24
München 188

O
Oberammergau 40
Oberau 72
Oberaudorf 134
Oberpframmern 184
Obersöchering 32
Oedberg 116

P
Pertisau 102
Pillerseetal 150

R
Reith bei Kitzbühel 148
Reit im Winkl 153, 156, 159, 164
Reutberg, Kloster 78
Rottach-Egern 118
Ruhpolding 164, 167, 170

S
Sachrang 176
Sachsenkamm 90
Samerberg 179
Schaftlach 87, 90
Scharnitz 58
Schleching 174
Schlehdorf 74
Schliersee 122
Seefeld 51, 54
Seegatterl 153, 156, 159, 164
Seehaus 164
Siegsdorf 172
Spitzingsee 120
Steinberg 105
St. Jakob in Haus 150
St. Johann in Tirol 145
St. Ulrich am Pillersee 150
Sutten 118
Sylvensteinspeicher 61

T
Tegernsee 108, 110, 112, 117, 118
Thiersee 136
Törwang 179
Traubing 30
Traunstein 172
Traunsteiner Hütte 158, 161
Tutzing 30

U
Ursprungtal 130

V
Valepp 120
Vorderriß 60

W
Waakirchen 90
Walchsee 138
Wallgau 60, 63
Weitsee 155, 164
Wieskirche 34
Wildalm 156, 159
Wildbad Kreuth 110
Wildsteig 34
Winklmoosalm 156, 159
Wolfratshausen 27

Rother Touren App

Holen Sie sich unsere Wanderführer als App!

So funktioniert es:

→ Kostenlose Rother App vom App Store bzw. Google Play Store laden

→ In den Tourenlisten der Guides stöbern – die Anzahl der Guides wird stetig erweitert

→ Bis zu fünf vollwertige Beispieltouren aus jedem verfügbaren Guide unbegrenzt testen

→ Bequem direkt aus der Rother App den gewünschten Guide komplett erwerben*

* je nach Guide 4,49-9,99 €

www.rother.de/app

Impressum

Titelbild:
Auf der König-Ludwig-Loipe im Graswangtal (Loipe 8).

Bild Seite 1:
Im Pillerseetal, Blick auf die Loferer Steinberge (Loipe 49).

Bildnachweis:
Die Fotos stammen von Gerhard Hirtlreiter (132) und Christian Rauch (50), mit Ausnahme des Fotos auf Seite 27 (Bernd Kohlbauer, WSV Icking).
Für das Foto auf Seite 43 bedanken wir uns für die Abdruckgenehmigung bei der Bayerischen Schlösserverwaltung (www.schloesser.bayern.de).

Die Autoren:
Dr. Gerhard Hirtlreiter studierte Geowissenschaften in München und Innsbruck. Heute ist er als Verlagslektor tätig. Als Autor verfasst er Bücher und Tourenführer zu den Themen Wandern, Bergsteigen, Mountainbiking sowie Skitouren. Eine seiner größten Leidenschaften ist das Langlaufen. Je nach Schneeverhältnissen ist er mal klassisch, mal in freier Technik unterwegs.
Christian Rauch hat nach erster Karriere im Industriebereich zuletzt seinen Traum wahr gemacht und arbeitet nun als freier Autor und Publizist. In Zeitungen, Zeitschriften und Büchern schreibt er am liebsten über Reisen, Bergsport und Kulturwandern. Als begeisterter Langläufer mag er den Winter in der Natur besonders gern.

Kartografie:
Alle Loipenkarten im Maßstab 1:50.000 © Bergverlag Rother GmbH, München (gezeichnet von Barbara Häring, Gröbenzell).
Übersichtskarte © Freytag & Berndt, Wien.

2., überarbeitete und erweiterte Auflage 2014
© Bergverlag Rother GmbH · München
Alle Rechte vorbehalten
ISBN 978-3-7633-5805-2

Alle Angaben dieses Buches wurden von den Autoren nach bestem Wissen recherchiert und vom Verlag mit größtmöglicher Sorgfalt überprüft.
Für die Richtigkeit der Angaben kann jedoch – soweit gesetzlich zulässig – keine Haftung übernommen werden.
Wir bitten dafür um Verständnis und freuen uns über jede Anregung und Berichtigung zu diesem Rother Langlaufführer.

Bergverlag Rother · Keltenring 17 · D-82041 Oberhaching
Tel. (089) 60 86 69-0 · Fax 60 86 69 69 · E-Mail: leserzuschrift@rother.de
Besuchen Sie uns im Internet: www.rother.de